Les derniers jours de Hitler

Joachim Fest

Les derniers jours de Hitler

Traduit de l'allemand
par
Frank Straschitz

Perrin
www.editions-perrin.fr

TITRE ORIGINAL

Der Untergang
Hitler und das Ende des Dritten Reiches

ISBN original : 3-8286-0172-3
ISBN Perrin : 2-262-02329-8

Préface

L'histoire récente ne connaît aucun autre événement comparable au naufrage de l'Allemagne nationale-socialiste en 1945. Jamais auparavant l'effondrement d'un Etat n'avait coûté autant de vies humaines, détruit un tel nombre de villes, ravagé des territoires aussi étendus. Ce n'est pas sans raison qu'en découvrant les immenses champs de ruines de Berlin, Harry L. Hopkins, conseiller du président Franklin Delano Roosevelt puis de son successeur Harry Truman, a évoqué une image apocalyptique venue d'un lointain passé, celle de la chute de Carthage.

Ceux qui ont vécu ces événements effroyables n'ont pas seulement connu les inéluctables souffrances d'une défaite rendue encore plus terrible par la puissance de destruction des armes de guerre modernes : derrière l'agonie qui marqua la fin du Reich hitlérien, l'on devinait une force directrice, une volonté. Cette force faisait tout, non seulement pour précipiter la fin de son propre règne, mais aussi pour entraîner le pays entier dans un naufrage irrémédiable. Depuis son accession au pouvoir, Hitler avait déclaré à maintes reprises qu'il ne capitulerait jamais ; au début de 1945, il avait une fois de plus exprimé cette idée, en disant à son aide de camp représentant la Luftwaffe, Nicolaus von Below : « Nous pouvons sombrer. Mais nous entraînerons un monde entier avec nous. »

Hitler savait depuis longtemps que la guerre était perdue. Ses premières déclarations allant dans ce sens datent en effet de novembre 1941. La puissance de sa machine de destruction n'en était pas moins presque intacte. Les proclamations jusqu'au-boutistes des derniers mois et les exhortations à une mobilisation du pays entier pour tenir tête à l'« agression » témoignent d'un ton de triomphe presque jubilatoire — comme l'illustre cette déclaration faite par Robert Ley après la destruction de Dresde : « Nous sommes presque soulagés ! C'est enfin terminé ! Nous ne serons plus... détournés de notre tâche par les monuments et autres témoignages de la culture allemande ! » Pour sa part, Goebbels parlait de « murs de prison [qui] avaient volé en éclats ». Dès l'été 1944, puis de nouveau en édictant son tristement célèbre « ordre néronien » du 19 mars 1945, Hitler lui-même avait ordonné la destruction de toutes les infrastructures nécessaires à la vie : installations industrielles, centrales électriques et réserves d'eau, dépôts de vivres, routes, ponts et canalisations... afin que l'ennemi ne trouve qu'un « désert sans trace de civilisation ».

Hitler passa les derniers mois de la guerre dans le « bunker du Führer », casemate souterraine qu'il avait fait construire au début des années 40. Depuis cet énorme blockhaus situé à près de dix mètres sous terre, il commandait des armées écrasées depuis longtemps et déclenchait des batailles « décisives » qui n'auraient jamais lieu. Après avoir visité le quartier général souterrain du Führer, Claus Schenk von Stauffenberg, l'auteur de l'attentat manqué du 20 juillet 1944, avait fait cette remarque perspicace : « Hitler dans le bunker — voilà le véritable Hitler ! » Effectivement, le mélange d'indifférence glaciale et de volonté d'annihilation, de pathos larmoyant et de grands discours sur le sacrifice qu'il faisait de sa personne caractérisant ses faits et gestes des derniers mois révèle les traits les plus marquants de sa personnalité. Il serait difficile de mieux cerner ce qui l'a animé toute sa vie durant qu'en observant son comportement au cours de cette période ultime, alors qu'il était plus que jamais isolé du monde extérieur. Sous une forme condensée et exaspérée à la fois, on y retrouve sa haine du monde et des êtres humains, des structures mentales pétrifiées depuis l'adolescence, la tendance aux excès les plus inimaginables qui lui avait permis des années durant d'aller de succès en succès, avant l'effondrement final. Fidèle à son goût des spectacles grandioses, il s'évertua à mettre en scène cette débâcle ultime, et il en avait malheureusement encore les moyens.

Pour parfaire le tableau et comprendre les événements, il ne faut pas négliger un autre facteur : l'autorité incontestée que Hitler continuait à exercer en dépit de son délabrement physique et même mental, abondamment décrit par tous les observateurs. Il n'est d'ailleurs pas impossible que sa démarche de vieillard se traînant avec peine et aux gestes incertains n'ait fait qu'accroître son ascendant et le « magnétisme » de sa personnalité. Quand il prenait la parole, personne pratiquement ne se risquait à le contredire. Pendant les conférences quotidiennes, des généraux chevronnés et des officiers bardés de décorations gardaient le silence et s'efforçaient à l'impassibilité. Imperturbablement, du moins en apparence, ils exécutaient des ordres dont l'absurdité et l'inutilité ne leur avaient certainement pas échappé.

Ce livre fournit de nombreux exemples, souvent consternants ou bouleversants, qui donnent une couleur singulièrement dramatique à la « lumière crépusculaire » baignant les événements dont le bunker fut le théâtre. Cette formule est due à l'historien britannique Hugh R. Trevor-Roper, auteur de la première description digne de foi des *Derniers Jours de Hitler*, parus en 1946. Jusqu'à ce jour, cette lumière n'est pas devenue plus claire. En réponse à la seule question de savoir comment Hitler a exactement mis fin à ces jours, il existe au moins quatre témoignages contradictoires provenant tous de membres de son entourage immédiat. Il en va de même pour l'endroit où reposent les restes du dictateur et d'Eva Braun, qu'il avait épousée la nuit précédente, pour l'« assaut » contre la chancellerie du Reich qui aurait été effectué par l'Armée rouge, du moins selon les sources soviétiques, et pour de nombreux autres faits encore.

L'incertitude concernant le déroulement exact des événements est en partie attribuable au fait que les enquêtes et analyses, y compris celles de Trevor-Roper, n'ont commencé que plusieurs mois après ceux-ci, alors que des témoins importants avaient disparu dans le chaos de la défaite allemande, ou avaient été faits prisonniers par les forces soviétiques, et ne pouvaient donc être interrogés. Non seulement de nombreux gradés SS qui faisaient partie de la garnison de la chancellerie, mais aussi des officiers de la Wehrmacht cantonnés dans le périmètre défensif de Berlin, des membres du personnel du bunker, et jusqu'au dentiste personnel de Hitler, n'ont regagné l'Allemagne qu'en 1955, après la visite d'Adenauer à Moscou.

Soudain, un certain nombre de personnes susceptibles de donner des renseignements inédits sur un des événements les plus marquants et les plus lourds de conséquences de l'histoire allemande étaient donc à la disposition des chercheurs. Pourtant, cette occasion unique de les interroger ne fut pas mise à profit. A cette époque, guère plus de dix ans après la fin de la guerre, pas plus les faits eux-mêmes que ceux qui y avaient participé à des titres divers n'éveillaient réellement l'intérêt. Cette indifférence s'explique par diverses raisons.

Pour commencer, le naufrage du Reich était ressenti comme une catastrophe nationale. A cela près qu'il n'y avait plus de nation ; quant à la notion de « catastrophe » ou de « naufrage », elle fut au fil des années victime de débats de plus en plus subtils au sein de l'intelligentsia allemande. Pour beaucoup, ces termes évoquaient par trop le « destin », comme si ce qui était arrivé était l'équivalent historique d'un orage soudain dont nul n'aurait été responsable, encore moins coupable. De surcroît, cette terminologie était par trop éloignée de la notion de « libération » qu'il était devenu politiquement correct d'associer aux événements de l'année 1945.

Cette attitude explique dans une grande mesure l'indifférence pour le moins surprenante dont témoignaient les chercheurs à l'égard de cette problématique, au point de négliger des sources potentielles de renseignements essentiels. Depuis les années 60, seuls quelques rares journalistes et écrivains, pour la plupart d'origine anglo-saxonne, se sont intéressés à ces événements et ont interviewé des témoins oculaires. Ce fut, de plus, précisément à cette époque que les historiens universitaires découvrirent l'importance des structures dans les processus historiques et, pour simplifier, commencèrent à considérer que les rapports sociaux étaient infiniment plus importants que les événements eux-mêmes. L'aspiration fondamentale à se faire une image précise des faits, qui est pourtant à la base de toute réflexion historique, était tournée en dérision et taxée de « non scientifique », ainsi d'ailleurs que le souci de technique narrative. De même, tout matériau historique tant soit peu dramatique était discrédité, comme s'il ne pouvait en résulter qu'une sorte d'histoire populaire au rabais. La génération d'historiens dominante, attirée par le détail, hésite à aborder les événements les plus spectaculaires, surtout lorsqu'ils ont un caractère dramatique. Pourtant, il est bon que, de temps à autre, le chroniqueur mette sa loupe de côté. Les grands enchaînements reliant entre eux les épisodes qui constituent le tissu de l'Histoire ont eux aussi leur importance ; ils permettent des avancées de la connaissance qu'aucun examen des détails ne permet d'obtenir.

C'est dans cette optique que ce livre a été écrit. Tout a commencé par le texte sur le « bunker du Führer » que j'avais écrit il y a environ un an et demi pour l'ouvrage collectif publié sous la direction d'Etienne François et Hagen Schulze sous le titre *Deutsche Erinnerungsorte* (« Lieux de mémoire en Allemagne »). Cet essai nécessairement concis résumait rapidement l'histoire de la chancellerie du Reich, avant de décrire les derniers jours de la vie de Hitler, et d'indiquer encore plus brièvement les événements qui s'étaient ensuivis.

Après la parution de ce recueil, plusieurs personnes nous ont demandé quelles publications permettaient de se faire une idée tant soit peu globale de l'effondrement du Troisième Reich. Je me suis alors rendu compte que, mis à part quelques rares analyses (d'ailleurs dépassées à certains égards), il n'existait en librairie pratiquement aucun ouvrage décrivant les événements monstrueux de ces semaines terribles en tenant compte de l'état actuel des connaissances. Il en allait de même pour les séquelles de ces événements sanglants lorsque, le rideau étant déjà tombé, l'épilogue était donné sur l'avant-scène, au gré des caprices de l'Histoire.

Les auteurs dont les ouvrages sont mentionnés à la fin de ce livre, et parfois brièvement analysés, ont parfois considérablement enrichi notre connaissance du déroulement des faits. Il manquait cependant une vue d'ensemble, réunissant à la fois l'enchaînement de ceux-ci et certains aspects essentiels du contexte, sans lesquels le tableau d'ensemble reste incomplet et parfois incompréhensible. Le présent livre ne veut ni ne peut prétendre à être davantage qu'une première tentative, surtout destinée à encourager la recherche. Il s'agit d'une « esquisse historique ». Quatre chapitres narratifs ébauchent les événements chaotiques, marqués par l'approche inéluctable de la fin, tant dans l'univers clos du bunker que dans la capitale s'enfonçant avec un désespoir croissant dans les remous de la destruction. En contrepoint, quatre textes plus courts tentent de dégager les principales constantes susceptibles d'éclairer le sens de ce qui s'est passé, et d'alimenter la réflexion.

Tous deux sont indispensables à la compréhension de ces quatorze jours d'épouvante. Une des tâches de l'historien consiste à donner à voir une « tranche de vie » telle qu'elle a eu lieu, mais une perspective plus vaste est tout aussi nécessaire pour se faire une idée du « naufrage » déclenché et mis en scène par Hitler, avec l'assistance empressée de participants bien trop nombreux. Il fallait rendre compte des décisions irraisonnées du « Führer » et de ses acolytes, de ce qui les avait provoquées et rendues possibles, et en même temps de l'angoisse et de l'épouvante qu'elles provoquaient. Il fallait également tenter de restituer le chaos intellectuel et émotionnel auquel la plupart des protagonistes étaient en proie, sans oublier les occasionnels épisodes comiques sans lesquels la tragédie ne serait pas complète. Tout particulièrement, cette esquisse devait faire sentir, fût-ce par allusions, le sentiment d'infinie tristesse et d'absurdité totale que provoque toute réflexion sur cet incessant processus de destruction qu'il est convenu d'appeler l'« Histoire ».

PRÉFACE

Un pays « in extremis » : c'est ce dont il est question dans les pages qui suivent. Ainsi que, nécessairement, des circonstances qui ont précédé cette fin, et permettent peut-être de l'expliquer.

1

La grande bataille commence

A 3 heures du matin, quelques fusées éclairantes montèrent dans le ciel, baignant d'une lumière rouge la tête de pont de Küstrin. Après un moment de silence angoissant, l'orage se déchaîna. La terre tremblait dans toute la dépression de l'Oder, jusqu'à Francfort et même au-delà. Comme déclenchées par une main invisible, les sirènes se mirent à hurler — par moments on les entendait jusqu'à Berlin —, les téléphones sonnaient sans discontinuer, les livres tombaient des étagères... Le 16 avril 1945, avec vingt armées réunissant deux millions et demi de soldats, plus de quarante mille lance-grenades, mortiers et batteries de campagne, ainsi que des centaines d'« orgues de Staline » — au total, trois cents pièces d'artillerie au kilomètre —, l'Armée rouge déclencha sa grande offensive. De Letschin à Seelow, de Friedesdorf à Dolgelin, de gigantesques colonnes de feu et de poussière s'élevaient, formant un mur compact traversé d'éclairs fulgurants. Des forêts entières étaient consumées par les flammes. Quelques survivants se souviendraient de tourbillons d'air surchauffé qui transformaient la campagne entière en braises et en cendres.

Au bout d'une demi-heure, le vacarme infernal cessa brusquement. Pendant quelques secondes s'installa un silence à couper le souffle, interrompu seulement par le grésillement des flammes et le gémissement du vent. Puis, au-dessus des lignes soviétiques, le rayon d'un unique projecteur s'éleva droit vers le ciel ; à ce signal, cent quarante-trois projecteurs disposés à intervalles de deux cents mètres s'allumèrent, éclairant horizontalement le champ de bataille. Ces éblouissants couloirs de lumière révélaient un paysage méconnaissable, fait d'arbres déchiquetés et de terres profondément labourées par les obus, avant de buter, quelques kilomètres plus loin, sur les contreforts de Seelow qui constituaient le premier objectif opérationnel du commandant en chef de la 1re armée biélorusse, le maréchal Gheorghi K. Joukov. En ouvrant la bataille, il donna l'ordre suivant : « Il faut repousser l'ennemi jusqu'à Berlin par le chemin le plus court. L'objectif est de prendre la capitale de l'Allemagne fasciste et d'y hisser le drapeau de la victoire ! »

Ce gigantesque spectacle lumineux, parfois qualifié dans les états-majors soviétiques d'« arme miracle de Joukov », se révéla une erreur qui devait coûter de nombreuses vies humaines. En dépit de divers désaccords et mises en garde, le maréchal avait obstinément appliqué son plan : l'ennemi, d'ores et déjà désorganisé et démoralisé par le violent barrage d'artillerie, serait ainsi « aveuglé » et mis dans l'incapacité d'opposer une résistance sérieuse ; en conséquence, ces crêtes profondément ravinées, hautes d'une trentaine de mètres, pourraient être prises au premier assaut. En réalité, l'épais rideau de fumée et de poussière qui stagnait au-dessus du champ de bataille fut transformé par la lumière des projecteurs en une impénétrable masse laiteuse dans laquelle les assaillants erraient sans parvenir à se repérer. De surcroît, il devint bientôt évident que le haut commandement soviétique avait gravement sous-estimé la difficulté du terrain, sillonné de canaux, de zones marécageuses et de fossés de drainage, situation encore aggravée par les hautes eaux de printemps. De nombreux transports de troupes, véhicules à chenilles et du matériel lourd de toute sorte s'enlisèrent irrémédiablement dans les profonds marécages où ils durent être abandonnés.

A ces erreurs de jugement vint s'ajouter un fait grave de conséquences. Le général Gotthardt Heinrici, commandant du groupe d'armées Weichsel (Vistule), qui était familier de la tactique des chefs militaires soviétiques, avait, peu avant le début de la bataille, déplacé les unités qui se trouvaient en première ligne, de sorte que les tirs de l'artillerie soviétique dévastaient en majeure partie des positions désertées. Ensuite, lorsque l'infanterie soviétique, précédée et encadrée de formations de blindés, donna l'assaut en brandissant des drapeaux et en poussant des cris de victoire, les unités allemandes, bien plus faibles et souvent exténuées, n'eurent qu'à attendre que l'ennemi se rapproche, puis tirèrent pratiquement sans viser sur la mêlée indistincte. En même temps, des centaines de batteries antiaériennes aux canons abaissés ouvrirent le feu sur les blindés soviétiques dès que leurs contours se dessinaient dans la lumière diffuse. Au lever du jour, l'assaut était repoussé, avec de lourdes pertes pour les assaillants.

Cette première erreur de Joukov fut suivie d'une autre. Déçu et désespéré par son échec, et de surcroît talonné par un Staline manifestement courroucé, il ordonna, contrairement au plan de bataille préétabli, de faire intervenir plus tôt que prévu les deux armées blindées qui attendaient à quelque distance du front. Au lieu d'attendre le moment où une grande brèche serait ouverte dans le dispositif défensif allemand, elles firent irruption dans la zone des combats, aggravant fortement la pagaille qui régnait à l'arrière du front. Les blindés lourds se frayaient un passage sur les routes encombrées d'unités désorientées, empêchaient les changements de position de batteries d'artillerie, coupaient les voies d'approvisionnement et retardaient l'arrivée de renforts. Intervenant dans la bataille sans la moindre coordination avec les autres armes, les blindés occasionnèrent un chaos irrémédiable qui ne tarda pas à paralyser l'ensemble des opérations soviétiques. Le soir du 16 avril, un des commandants d'armée de Joukov, le général Vassili I. Tchuikov, nota que les unités soviétiques n'avaient pas atteint les objectifs qui leur avait été fixés et n'avaient, par endroits, « pas avancé d'un seul pas ». L'objectif consistant à prendre Berlin cinq jours après le début de l'offensive était devenu irréalisable.

Au quartier général de Hitler, dans le bunker souterrain de la chancellerie, tous guettaient depuis des jours l'offensive soviétique avec un mélange d'attente fiévreuse et de résignation hébétée. L'annonce des premiers, et d'ailleurs éphémères, succès des défenseurs allemands avaient ranimé de fugitifs espoirs de victoire et suscité des déclarations aussi ampoulées que chimériques. Cela n'empêcha pas Hitler de préparer la défense du quartier des ministères, et en particulier la zone entourant la chancellerie du Reich ; il ordonna de mettre en position des canons antichars, des mortiers et des lance-grenades, et de pratiquer partout des meurtrières. Au cours de l'après-midi, il fit diffuser un « ordre du jour pour les combattants du front Est » dans lequel il parlait de la folie meurtrière de l'« ennemi judéo-bolchevique » et exprimait la certitude que, « cette fois encore », les barbares venus d'Asie « périraient, exsangues, aux portes de la capitale du Reich allemand ». L'ordre du jour se poursuivait ainsi : « Soldats de l'Est, vous savez quel sort attend en particulier les femmes et les enfants allemands. Tandis que les vieux, les hommes et les enfants seront massacrés, les femmes et les jeunes filles seront rabaissées au rang de filles de caserne. Le reste sera envoyé en Sibérie. »

Pendant son offensive de janvier, l'Armée rouge avait déjà atteint l'Oder. Elle avait traversé le fleuve en plusieurs endroits dans la région de Küstrin, à une trentaine de kilomètres au nord de Francfort. Peu après, elle avait réussi à établir une tête de pont d'une quarantaine de kilomètres de long ; s'avançant par endroits de dix kilomètres au-delà du front, elle menaçait l'ensemble de la « position Nibelungen » jusqu'à la Neisse. Ce ne fut pourtant qu'au début du mois de mars que les forces allemandes commencèrent à creuser des tranchées dans le périmètre défensif de Berlin et dans la capitale même, ainsi qu'à établir des barrages antichars et des positions fortifiées. Ensuite, lorsque les forces soviétiques interrompirent momentanément leur offensive, l'établissement d'un réseau d'ouvrages défensifs avait été, contrairement aux ordres, suspendu pour des raisons mystérieuses. En fait, le principal responsable de l'interruption des travaux était Hitler lui-même, lequel avait décidé avec son obstination habituelle que la capitale devait être défendue « sur l'Oder » et qu'aucune unité ne devait abandonner le secteur du front qui lui avait été assigné. « Tenir ou sombrer ! » répétaient à satiété les innombrables ordres et slogans jusqu'au-boutistes.

Face aux puissantes forces soviétiques, il y avait le 56e corps d'armée blindé du général Helmuth Weidling et, un peu plus au sud, la 9e armée du général Theodor Busse. En vain, le général Heinrici, commandant du groupe d'armées auquel appartenaient ces deux formations, avait mis en garde contre le risque d'encerclement qui les menaçait en cas de percée réussie des forces de Joukov. A plusieurs reprises, il avait également souligné que ces formations ne pourraient tenir qu'un certain temps ; ensuite, compte tenu du manque d'unités d'infanterie expérimentées, de munitions et d'approvisionnement de toute sorte, sans oublier l'exténuation croissante des troupes, ce serait inéluctablement la fin. Pourtant, la foi fanatique de Hitler en la force de la volonté, capable de compenser toute infériorité matérielle, jointe à diverses assurances grandiloquentes et à des promesses jamais tenues de Göring, de Dönitz ou de Himmler, fit momentanément revivre un climat de confiance que Hitler s'évertuait à entretenir par tous les moyens. Finalement, quelques bataillons du Volkssturm (levée populaire) furent envoyés en autobus sur le front pour stopper l'avance des armées et des corps motorisés de Joukov. Alors même que la radio annonçait que « des milliers de Berlinois [avaient] rejoint leurs unités » et gagné le front, la mission d'une partie d'entre eux était déjà terminée. L'aviation de chasse soviétique, qui était maîtresse de l'espace aérien entourant la capitale, avait attaqué à basse altitude plusieurs de ces colonnes motorisées, les détruisant entièrement.

Les prédictions du général Heinrici n'étaient que trop exactes. Après avoir regroupé ses forces, le maréchal Joukov reprit l'offensive à la tombée de la nuit, avec d'autant plus d'acharnement qu'il avait appris que son rival responsable de la partie sud du front, le maréchal Ivan S. Koniev, avait obtenu quelques beaux succès. Les forces de ce dernier avaient réussi à franchir la Neisse de Lusace en plus de cent trente points différents, donnant ainsi une impulsion décisive à l'offensive soviétique ; depuis, Koniev estimait pouvoir à juste titre participer à la prise de Berlin et disputer in extremis à Joukov les lauriers de la victoire. Une course de vitesse s'engagea entre les deux chefs de guerre, encouragée par Staline qui ne se privait pas de faire des remarques perfides au sujet de Joukov, lequel n'était plus dans les bonnes grâces du dictateur. Lorsque, à l'occasion d'une entrevue avec Staline, Koniev demanda à ce dernier l'autorisation d'effectuer une percée vers le nord en direction de Lübben et de Luckenwalde, ce qui lui permettrait d'atteindre

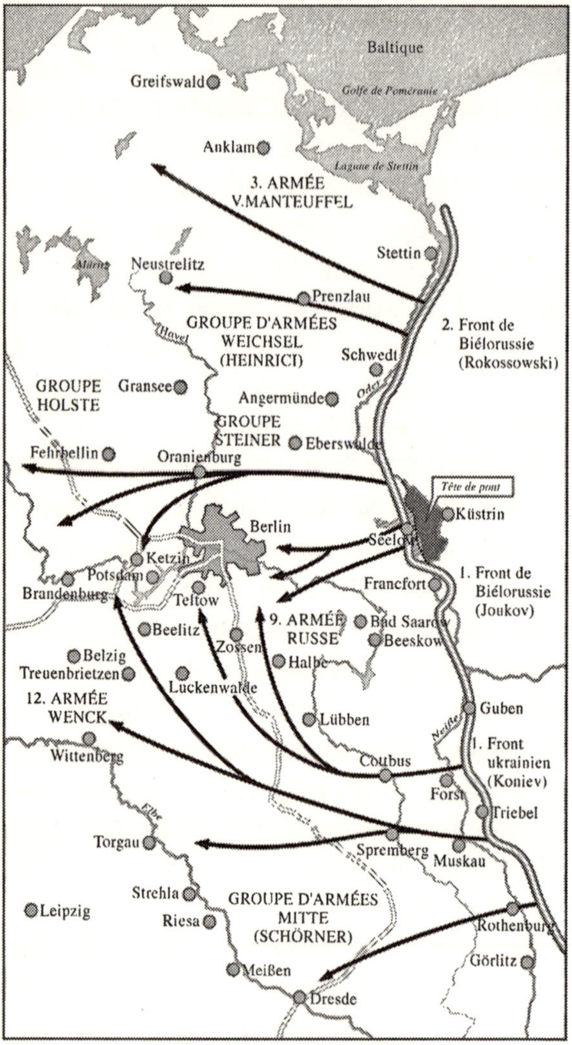

Situation au début de l'offensive russe contre Berlin (16 avril 1945). Dès janvier, l'Armée rouge avait atteint l'Oder et organisé, à côté de Küstrin, une tête de pont de 40 kilomètres de long et d'une profondeur atteignant parfois 10 kilomètres.

en quelques jours Zossen aux portes de Berlin, Staline lui demanda s'il était conscient qu'à Zossen, se trouvait « le quartier général de la Wehrmacht ». Koniev répondit simplement « Oui » ! Staline lui dit alors : « Fort bien. Vous avez mon accord. Envoyez les deux armées blindées sur Berlin. »

Plus au nord, dans le secteur central du front de l'Oder, les forces de Joukov avaient finalement atteint les premières maisons de Seelow vers minuit. Quelque temps les combats restèrent indécis sur les hauteurs dessinant un fer à cheval. Mais les unités de la Wehrmacht, complètement exténuées, en partie composées de réserves assemblées à la hâte et luttant par endroits contre des forces dix fois supérieures, étaient souvent proches de la dissolution. Par ailleurs, Heinrici craignait que, dans leur avance impétueuse, les formations de Koniev apparaissent soudain sur ses arrières, encerclant la 9e armée tout entière. En apprenant le lendemain qu'une de ses unités d'élite, la division de parachutistes qui tenait les crêtes de Seelow, s'était enfuie dans une panique totale, il demanda la communication avec le bunker du Führer.

Ses remarques et suggestions pressantes se heurtèrent une fois de plus à une incompréhension totale. La proposition de retirer les troupes cantonnées à Francfort-sur-l'Oder pour les engager dans une des brèches longues de plusieurs kilomètres ouvertes dans ses lignes fut rejetée avec un dédain glacial. De même, lorsqu'il demanda ensuite au général Krebs, récemment nommé chef d'état-major général, l'autorisation d'effectuer un repli tactique, il entendit à l'autre bout du fil, en guise de réponse, un soupir très manifestement consterné. Au bout d'un moment, Krebs lui dit simplement : « Hitler ne donnera jamais son accord à cela. Tenez toutes vos positions ! »

Le 19 avril, la succession de collines s'étendant de Seelow à Wriezen était entièrement aux mains des Russes. La bande de terrain qui les séparait, décrite moins d'un siècle auparavant par un voyageur comme évoquant « de lointains pays des merveilles » où « tout n'était que paix, couleurs et parfums », était devenue méconnaissable, monde anonyme creusé de cratères. Au terme de combats de position coûteux en vies humaines, les derniers nids de résistance allemands finirent par tomber. Selon les sources soviétiques officielles, la bataille aurait coûté plus de trente mille vies à l'Armée rouge ; des calculs plus dignes de foi indiquent un total de soixante-dix mille morts, contre douze mille dans le camp allemand. Mais Berlin n'était plus qu'à soixante-dix kilomètres tout au plus, et, sur le chemin de la capitale, il n'existait plus de front digne de ce nom, rien que quelques bases militaires ainsi que des villages, bois ou petites hauteurs tenus par des unités isolées. Deux jours plus tard, tirés par des pièces d'artillerie hâtivement mises en position, les premiers obus tombaient déjà sur une place berlinoise, la Hermannplatz. Ils occasionnèrent un véritable carnage parmi les passants qui se croyaient en sécurité et au sein des files d'attente qui s'étaient formées devant le grand magasin Karstadt.

Près d'une semaine auparavant, les forces américaines avaient atteint l'Elbe à Barby, où elles avaient stoppé leur avance. « Berlin n'est plus un objectif militaire », avait expliqué à ses hommes stupéfaits le général Eisenhower, commandant en chef des forces alliées en Europe. La ville appartenait aux Russes, comme le stipulaient les accords. Pour eux, la guerre dans la partie nord du Reich était terminée. Au même moment, le maréchal Model, après avoir rejeté successivement plusieurs demandes de capitulation, avait cessé toute résistance dans le bassin de la Ruhr et dissous son groupe d'armées. Plus de trois cent mille soldats, ainsi que pas moins de trente généraux avaient été faits prisonniers. « Avons-nous tout fait, demanda Model à son chef d'état-major, pour justifier notre comportement aux yeux de l'Histoire ? Avons-nous oublié quelque chose ? » Après avoir fixé le vide un long moment, Model avait ajouté : « Jadis, les chefs de guerre vaincus s'empoisonnaient. » Peu après, il suivit leur exemple.

Depuis des semaines, Hitler se sentait victime de la fatalité. Ses lignes et positions défensives tombaient les unes après les autres. Pour commencer, il y avait eu la grande offensive de l'Armée rouge en Hongrie, puis le soulèvement des partisans de Tito, la chute des forteresses de Kolberg et de Königsberg... Chaque jour amenait sa nouvelle catastrophe, mineure ou de grande envergure. Comme si cela ne suffisait pas, de violents désaccords l'avaient opposé au chef d'état-major, le général Guderian, qu'il avait fallu limoger, ainsi qu'à son architecte et ministre de l'Armement Albert Speer qui, avec une obstination rare, était allé, fin mars, jusqu'à refuser de croire en une « poursuite victorieuse de la guerre ». Sur ce, Hitler avait déclaré : « Autour de moi, tout n'est que trahison. Seul le malheur m'est resté fidèle — le malheur et ma chienne Blondi. »

Une seule fois, une lueur d'espoir avait semblé déchirer ces ténèbres faites de cataclysmes successifs. Le soir du 13 avril Goebbels lui avait téléphoné pour claironner d'une voix triomphale : « Félicitations, mein Führer ! Dans les étoiles, il est écrit que la seconde quinzaine d'avril marquera pour nous un tournant décisif. Aujourd'hui, nous sommes le vendredi 13 avril ! » Après ce préambule, il lui avait annoncé que le président américain F. D. Roosevelt était mort. Les généraux, ministres et dirigeants du parti avaient été aussitôt convoqués. Au vu des conjonctions de planètes, ascendants et transitions diverses, ils avaient une fois encore senti renaître des espoirs depuis longtemps défunts. Tenant une liasse de papiers dans sa main agitée de tremblements, Hitler allait d'un groupe à l'autre et exhibait le communiqué tout en s'écriant avec une emphase sénile : « Tenez ! Vous vous refusiez à y croire ! Qui a raison, maintenant ? » Se référant au miracle — la mort de la tsarine Elisabeth — qui avait sauvé Frédéric le Grand en 1762, il affirmait que le prodige allait se répéter : « La guerre n'est pas perdue ! Regardez ! Roosevelt est mort ! »

Comme si souvent au cours de sa vie, la Providence semblait une fois de plus se raviser pour prendre son parti, littéralement à la dernière minute. Depuis des mois et des années, il s'était évertué à persuader son entourage que le « répugnant concubinage » des puissances ennemies ne tarderait pas à se briser et que la Grande-Bretagne ainsi que les Etats-Unis, avant que l'irrémédiable ne fût accompli, reconnaîtraient qu'il était le champion de la lutte commune pour sauver la culture occidentale face aux barbares de l'Est. La mort de Roosevelt, leur assurait-il maintenant, donnait le signal tant attendu d'un renversement des alliances, juste au moment où, sur le front Ouest, la guerre était pratiquement terminée. Quelques heures durant, un enthousiasme fébrile s'empara des hommes du bunker ; le sentiment d'avoir échappé in extremis au pire se mêlait à une nouvelle confiance en l'avenir : par moments, la victoire finale leur paraissait même possible. Mais au cours de la nuit, les bouffonneries et tours de prestidigitation mentaux cédèrent de nouveau la place aux angoisses un moment oubliées, d'autant que l'on venait d'apprendre que l'Armée rouge avait pris Vienne. Finalement, selon le témoignage d'un des participants à la réunion, Hitler se laissa tomber « dans son fauteuil, à bout de forces, à la fois libéré et comme étourdi ; pourtant, il semblait désespéré ». En réalité, la mort du président des Etats-Unis n'eut aucune conséquence sur la suite des événements.

Au mois de janvier, après l'échec de l'offensive des Ardennes, Hitler avait regagné Berlin. Il s'était d'abord installé à la nouvelle chancellerie, mais les raids aériens constants n'avaient pas tardé à l'en chasser. Il s'était alors réfugié dans le bunker souterrain ; selon les dires de plus d'un observateur, il y avait enfin trouvé un cadre à sa mesure, où il pouvait être pleinement lui-même. Les sentiments complexes de peur et de persécution qui l'avaient poursuivi tout au long de sa vie avaient commencé à prendre une forme concrète en 1933 lorsque, quelques mois après avoir été nommé chancelier, il avait fait effectuer divers travaux à la chancellerie, dont le plus urgent était la construction d'une sorte de blockhaus souterrain prolongeant les caves de l'édifice. C'était devenu pour Hitler une véritable obsession, comme en témoignent notamment ses entretiens avec l'architecte officiel du régime, Albert Speer, au cours desquels il ne cessait de projeter des « bunkers, encore et toujours des bunkers ». La salle de réception qu'il avait fait construire derrière la chancellerie par l'architecte Leonhard Gall en 1935 comportait déjà un abri antiaérien protégé par une dalle de béton de près de deux mètres cinquante d'épaisseur, qui fut par la suite renforcée par une dalle supplémentaire d'un mètre. Trois ans plus tard, lorsque Albert Speer construisit la nouvelle chancellerie, d'autres casemates vinrent s'y ajouter. Dans les sous-sols des bâtiments, un réseau de plus de quatre-vingt-dix cellules en béton s'étendait sur toute la longueur de la Vossstrasse. Cet ensemble était relié à l'abri de la salle de réception par un couloir souterrain d'environ quatre-vingts mètres de long.

Lorsque la catastrophe hivernale aux portes de Moscou, fin 1941, exacerba de nouveau les peurs viscérales de Hitler, ce vaste système de bunkers souterrains lui parut insuffisant. Alors qu'à cette époque ses armées occupaient des territoires immenses s'étendant de Stalingrad et de Hammerfest jusqu'à Tripoli, il chargea en

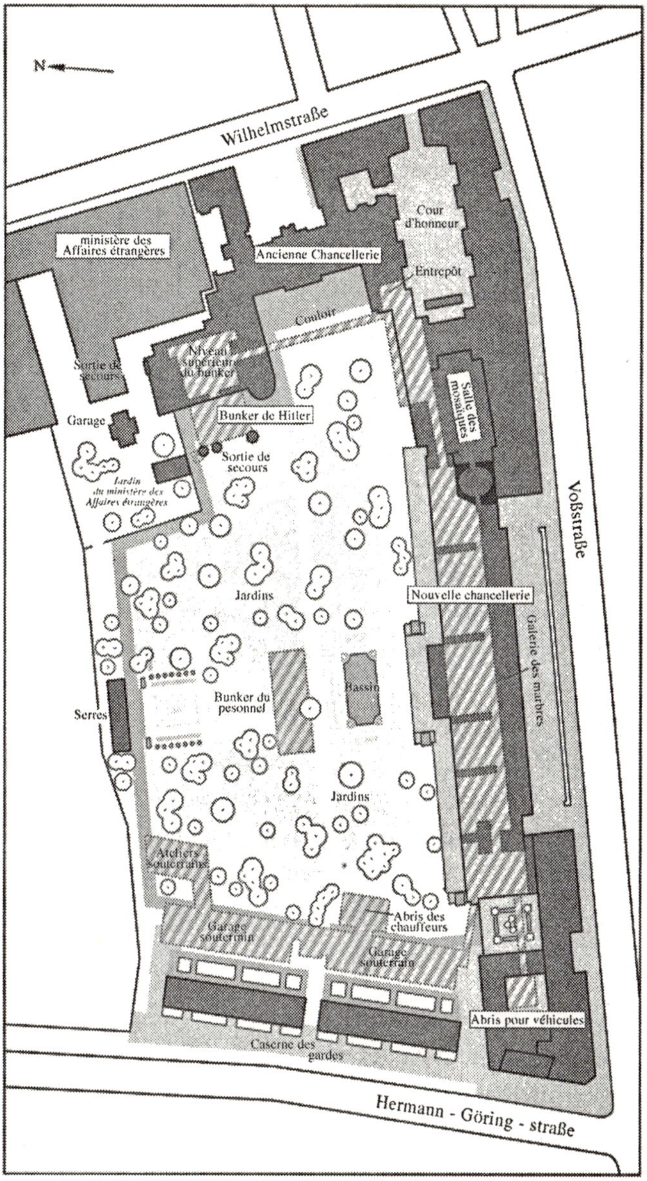

Plan général du bunker et de son environnement sur le terrain de la chancellerie.

1942 le bureau de Speer de préparer les plans d'une « catacombe » qui serait plus profonde de plusieurs mètres. Ce nouveau bunker donnait directement sur l'abri antiaérien situé sous la salle de réception. Qualifié depuis de « Vorbunker » (avant-bunker, ou niveau supérieur du bunker), ce dernier fut modifié de sorte à abriter une cantine pour les collaborateurs de Hitler, quelques chambres et pièces de séjour, les chambres du personnel et la cuisine — seize pièces au total. Une fois de plus, les jardins de la chancellerie, avec leurs allées silencieuses et leurs arbres centenaires (quelques générations auparavant, Bettina von Arnim avait écrit à Goethe qu'elle vivait ici « dans un paradis ») furent envahis par des équipes d'ouvriers qui abattirent des arbres, amenèrent des matériaux, des armatures métalliques et du bois de coffrage, installèrent des bétonneuses et se mirent au travail. Au tout début de 1945, le massif bloc de béton du « Führerbunker » était pratiquement fini ; les travaux se poursuivirent pourtant, principalement afin de construire des miradors et des guérites ; en avril 1945, ils n'étaient toujours pas terminés.

Le vaste complexe situé sous la nouvelle chancellerie comportait des logements destinés aux principaux collaborateurs de Hitler : son tout-puissant secrétaire Martin Bormann ; le dernier chef d'état-major général Hans Krebs et ses aides de camp ; le général Burgdorf et le pilote personnel de Hitler, le général Hans Baur ; le Gruppenführer (général de division) SS Hermann Fegelein, représentant de Himmler au bunker. On y trouvait aussi les secrétaires de Hitler, les hommes de sa garde personnelle et ses aides de camp, les télégraphistes, les cartographes et divers autres membres du personnel. Il y avait également un petit hôpital ; dans une autre partie du bunker avait été installé un refuge permettant d'accueillir des victimes des bombardements, des femmes enceintes et quelque deux cents enfants ; comme leur nombre s'accroissait de jour en jour, il ne tarda pas à être surpeuplé.

Le « Führerbunker » était relié au « Vorbunker » par un escalier à vis. Les mesures exactes, notamment celles de la couverture en béton, ne peuvent plus être déterminées. Etant donné que la dalle de béton de deux mètres d'épaisseur se trouvait à environ douze mètres sous les jardins de la chancellerie et qu'il faut tenir compte du niveau intermédiaire de près de trois mètres de haut abritant les réserves et les installations techniques, l'épaisseur de plafond totale de près de quatre mètres, estimation souvent mentionnée, semble être exacte. Usant d'une formule inoubliable, le premier biographe de Hitler, Konrad Heiden, avait, dès le début des années 30, caractérisé la nature intime du Führer et de son mouvement, ce mélange de pathos, de vantardise et d'agressivité, comme une « fuite dans la légende ». Maintenant que Hitler s'était retiré dans le bunker, d'où il ne cessait de diffuser des slogans de victoire, cette remarque que beaucoup avaient jugée excessive, voire absurde se révélait d'une parfaite exactitude.

Le bunker du Führer proprement dit comportait près de vingt petites pièces sommairement meublées, à l'unique exception du large couloir passant devant la suite personnelle de Hitler où il y avait un canapé, une poignée de vieux fauteuils et quelques tableaux aux murs. Juste à côté se trouvait la salle de conférences ; dans cette pièce d'environ quatorze mètres carrés, jusqu'à vingt personnes se réunissaient plusieurs fois par jour autour de la table des cartes, pendant des heures d'affilée, ce qui donne une bonne idée de l'exiguïté des lieux et de la promiscuité qui y régnait.

Les deux pièces — chambre et séjour-cabinet de travail — dont disposait Hitler étaient elles aussi modestement aménagées. Au-dessus du sofa était accrochée une nature morte de l'école hollandaise, et, au-dessus du bureau, dans un cadre ovale, il y avait un portrait de Frédéric le Grand par Anton Graff qu'il lui arrivait souvent de fixer longuement, d'un air absent, comme s'il tenait une conversation muette avec le roi défunt. Au pied du lit se trouvait un coffre, le « trésor », dans lequel Hitler conservait ses documents personnels. Dans une encoignure, comme auparavant au QG de Rastenburg, il y avait une bouteille d'oxygène dont la présence apaisait sa crainte persistante de suffoquer, notamment en cas de panne des moteurs diesel qui fournissaient au bunker lumière et chaleur, et qui renouvelaient constamment l'air.

Tous les plafonds étaient équipés d'ampoules électriques nues dont la lumière crue accentuait le caractère irréel et spectral de cet univers souterrain. Les derniers jours, alors que la fin était proche, il y eut quelques pannes d'eau ; il se répandait alors, venant surtout de la partie supérieure du bunker, une puanteur intolérable, mélange de gaz d'échappement des moteurs diesel,

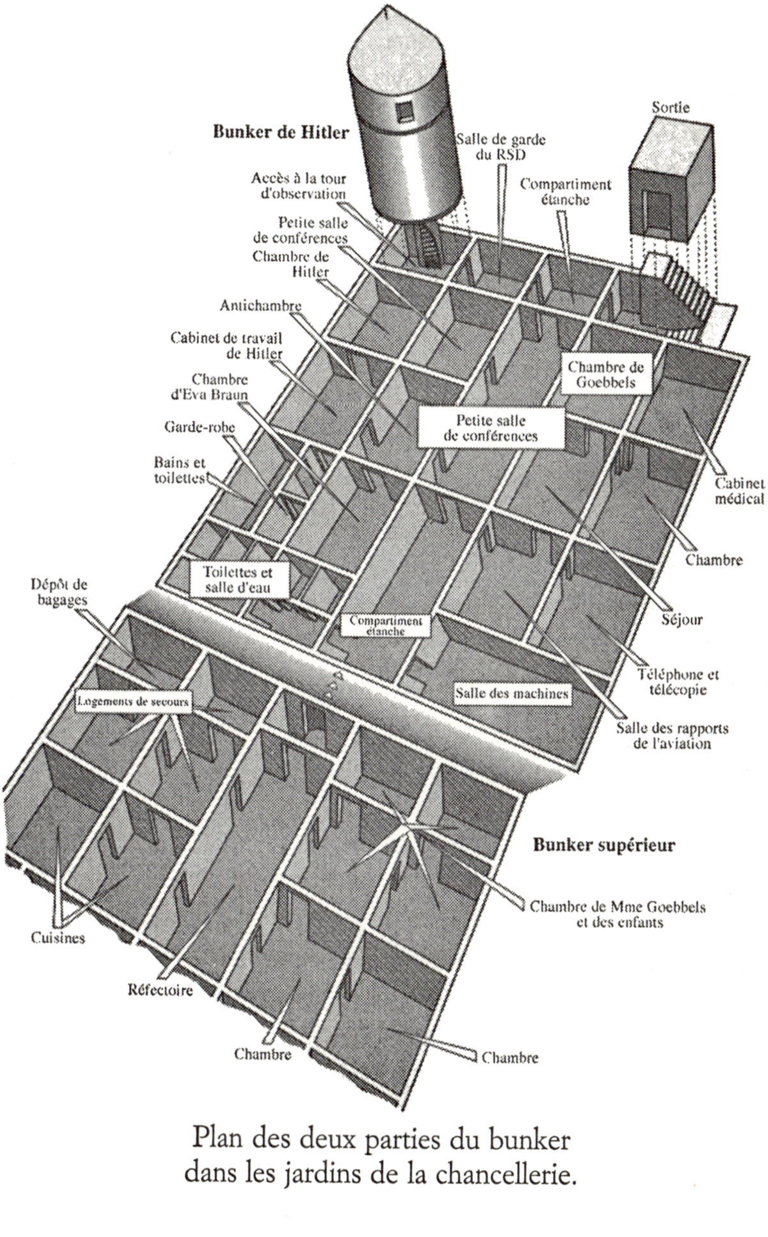

Plan des deux parties du bunker dans les jardins de la chancellerie.

d'odeurs de latrines et de transpiration. Dans plusieurs des couloirs menant au bunker stagnaient des flaques huileuses ; pendant quelque temps, il fallut rationner l'eau potable. Des témoins ont décrit l'effet angoissant et profondément démoralisant de ces espaces exigus, des murs en béton nu et de la lumière artificielle. Goebbels confia à son Journal qu'il évitait dans toute la mesure du possible de s'y attarder, pour ne pas être contaminé par cette « atmosphère de désolation ». L'on peut à juste titre se demander si ce décor souterrain coupé du reste du monde n'a pas favorisé ces décisions et ordres irréalistes où des armées chimériques s'apprêtaient à lancer des offensives qui n'avaient jamais lieu.

Hitler, le premier, paraissait affecté par cette existence fantomatique à plus de dix mètres sous terre. Son teint, blafard depuis des années déjà, son visage de plus en plus boursouflé et ses énormes cernes noirs lui donnaient un aspect effrayant qui n'échappait à personne. Fortement voûté, il marchait prudemment, avec de curieux mouvements ondulants, en rasant les murs comme s'il cherchait constamment un soutien. Plusieurs observateurs avaient l'impression qu'il accentuait délibérément ses infirmités par goût de l'effet dramatique. Pour la première fois, il témoignait aussi d'un certain laisser-aller. Ses vêtements, habituellement impeccables, étaient de plus en plus souvent couverts de taches de nourriture, et des miettes de gâteau restaient collées aux coins de sa bouche. Lors des conférences, chaque fois qu'il ôtait ses lunettes et les tenait à la main, celles-ci se mettaient à vibrer contre le plateau de la table. Parfois, lorsqu'il s'en apercevait, il les posait comme s'il avait mauvaise conscience, car le tremblement dont étaient agitées ses mains contredisait sa théorie, selon laquelle la force de la volonté peut venir à bout de tout. Un jour, il avait d'ailleurs déclaré à une délégation d'anciens combattants : « Bien que ma main tremble, et même si ma tête aussi tremblait, mon cœur, lui, ne tremblera jamais. » Un officier de l'état-major général a décrit le spectacle que présentait Hitler au cours de ces semaines :

« Il savait qu'il avait perdu la partie et qu'il n'était plus en son pouvoir de le cacher. Son apparence physique était terrifiante. Le torse projeté en avant, traînant ses jambes derrière lui, il allait péniblement, lourdement, de son logement à la salle de conférences du bunker. Il avait perdu le sens de l'équilibre ; si jamais il était arrêté en faisant ce court trajet (vingt à trente mètres), il était obligé de s'asseoir sur un des bancs disposés le long du mur, ou de se retenir à son interlocuteur... Ses yeux étaient injectés de sang ; bien que tous les documents qui lui était destinés fussent tapés sur la "machine à écrire spéciale du Führer" dont les caractères étaient trois fois plus gros que la normale, il ne pouvait les déchiffrer qu'à l'aide de lunettes à fort pouvoir grossissant. Souvent, un filet de salive coulait aux commissures de sa bouche... »

Aux dires de nombreux observateurs, l'état mental de Hitler se détériorait également de jour en jour. Revenant en général vers 6 heures du matin de la conférence nocturne, il s'affalait sur le divan et s'apprêtait à dicter ses instructions pour la journée à venir à l'une de ses secrétaires. Dès que celle-ci entrait dans la pièce, il se levait péniblement, rapporte une de ces dernières, « puis, exténué, se laissait retomber sur le divan, tandis qu'un serviteur relevait ses pieds. Totalement apathique, il restait allongé ainsi, obsédé par une seule idée : ... du chocolat et des gâteaux. Sa fringale de sucreries était devenue pathologique. Alors qu'auparavant, il mangeait tout au plus trois parts de gâteau, il se faisait maintenant remplir son assiette à trois reprises ». Une autre secrétaire déplorait la lassante monotonie de ses déclarations : « Lui qui jadis abordait avec passion les thèmes les plus divers ne parlait plus, pendant ces dernières semaines, que de chiens et de dressage, de questions d'alimentation, et aussi de la bêtise et de la méchanceté du monde. »

Aux seules occasions où il recevait des visiteurs, il sortait de son hébétude et retrouvait un moment sa force de persuasion et son charisme. Il lui arrivait souvent de faire appel à un souvenir tel que le nom d'un général victorieux ou un autre détail tout aussi mineur mais toujours glorieux, pour redonner courage autant à lui-même qu'à ses invités, puis, à grand renfort de déclarations ampoulées, fantasmait sur des forces de plus en plus énormes s'apprêtant à livrer aux portes de la capitale la bataille décisive qui déciderait du sort de la guerre. Les Russes, expliquait-il volontiers, ne combattaient de toute manière qu'avec des « soldats assoiffés de butin » et leur prétendue supériorité était « le plus grand bluff depuis Gengis Khan », avant de revenir à son sujet favori, les « armes miracles » qui changeraient le cours de la guerre et feraient honte aux esprits timorés et à tous ceux qui n'avaient pas la foi.

En dépit de son affaiblissement croissant, Hitler n'abandonnait toujours pas la direction des opérations. Un mélange de conscience de sa mission et de volonté lui donnait l'énergie nécessaire. Parallèlement, il était rongé par une méfiance tenace envers ses généraux, qu'il soupçonnait de vouloir le priver de ses pouvoirs, voire d'amener son médecin personnel, le Dr Morrell, à lui administrer un somnifère pour le faire sortir de Berlin. La plupart du temps, il se dominait, mais parfois il ne parvenait pas à contenir sa colère ; un jour, écumant de rage, tremblant de tout son corps, les poings levés, il avait longuement invectivé le chef d'état-major général Guderian, qui fut d'ailleurs démis de ses fonctions peu avant la fin du mois de mars.

Il était en proie à une solitude croissante. A diverses reprises, l'un ou l'autre des occupants du bunker le vit gravir péniblement l'étroit escalier montant aux jardins ; trop essouflé pour continuer, il s'arrêtait à mi-chemin, faisait demi-tour et se dirigeait vers la salle d'eau où se trouvait également le réduit destiné aux chiens. Longtemps, avec une expression étrangement vacante, il jouait alors avec Blondi et les cinq chiots qu'elle avait mis au monde début avril.

Dehors, au-delà de épais murs de béton, régnait l'arbitraire d'une guerre qui s'achevait dans la pénurie, l'exténuation et la peur des représailles. La réalité de cette guerre, dominée par la peur constante de la mort, ne correspondait plus à aucune des formules triomphales que l'appareil de propagande du régime continuait à déverser inlassablement. Le fonds de commerce des idéologues nazis — foi, honneur, fidélité, etc. — continuait sans doute à convaincre une minorité d'Allemands. Mais la grande masse avait perdu toute confiance dans le pathos de ces formules ampoulées, devenues plus que suspectes. Quiconque avait conservé un minimum de lucidité, ou l'avait retrouvé face à l'imminence de la fin, ne voulait plus rien savoir de ces mots d'ordre jusqu'au-boutistes ni de ces références à l'« ultime bastion de la civilisation », qui présentaient le Reich expirant comme l'unique héros, combattant solitaire les nouveaux cavaliers de l'Apocalypse — « la juiverie mondiale, le bolchevisme et la ploutocratie » — et qui proclamaient une fois encore, au nom du « destin » et de l'« honneur », ce mépris de la vie comme idéal, qui avait jadis exercé une si forte et ténébreuse attirance sur l'âme allemande. Les fronts qui s'effondraient de toutes parts, l'évidente insuffisance des moyens de défense ainsi que l'horreur sans fin du quotidien révélaient le caractère entièrement creux et irréaliste de ces proclamations. « La vengeance est notre vertu ! La haine, notre devoir ! » disait un de ces mots d'ordre. « Courageux et fidèles, fiers et obstinés, nous ferons de notre forteresse la fosse commune des hordes soviétiques... Nous savons tous que l'heure qui précède le lever du soleil est toujours la plus sombre. Ne l'oubliez pas, quand au combat le sang coule dans vos yeux et que les ténèbres vous entourent. Quoi qu'il arrive, la victoire sera à nous. A mort les bolcheviques ! Vive le Führer ! »

Depuis que, peu après le déclenchement de la grande offensive soviétique, Hitler avait ordonné de transférer à l'est toutes les forces disponibles et de défendre Berlin sur l'Oder, il n'y avait pratiquement plus de troupes expérimentées et correctement équipées à Berlin ni autour de la capitale. Le général Hellmuth Reymann, commandant militaire de la ville qui avait été déclarée forteresse le 1er février, avait répété à maintes reprises qu'il lui fallait au minimum vingt mille soldats chevronnés pour la défendre. Il n'en avait même pas la moitié, et encore s'agissait-il d'éléments hâtivement rassemblés d'un corps de blindés, du régiment de la Garde, d'unités disparates de diverses armes, ainsi que d'une quarantaine de bataillons de la « levée populaire » composés en majeure partie de retraités et de quelque quatre mille adolescents des Jeunesses hitlériennes. A cela venaient s'ajouter quelques unités d'éclaireurs et les servants des batteries antiaériennes de la capitale. Les unités de SS et de la police affectées à Berlin ne relevaient pas de son commandement. Toutes les demandes de renforts de Reymann étaient rejetées par Hitler, toujours pour la même raison : le Führer estimait qu'il y avait à Berlin suffisamment d'hommes, de blindés et de munitions pour faire face à une éventuelle bataille si jamais la capitale devait être assiégée.

Fait encore plus grave, il n'y avait pas — il n'avait jamais existé — de plan de défense cohérent. Faute d'une coordination mûrement préparée, il fallait improviser au gré des circonstances. De surcroît, Reymann recevait souvent des ordres contradictoires émanant de diverses instances dont les compétences n'étaient pas clairement définies. Tantôt il recevait des instructions du maréchal Keitel, chef de l'OKW (haut commandement de la Wehrmacht), tantôt du général Krebs, chef d'état-major général, parfois aussi du général Heinrici. Le pire, c'était que Hitler s'immisçait dans la chaîne de commandement au gré de ses inspirations soudaines, de sorte que le commandant de la place de Berlin ne savait plus à quel saint se vouer.

Cette situation chaotique était encore aggravée par Goebbels qui, en sa qualité de gauleiter de Berlin, exerçait également les fonctions de commissaire à la défense du Reich. Fervent partisan de la « guerre totale », Goebbels s'était depuis longtemps heurté à de nombreuses oppositions ; maintenant il pensait avoir enfin l'occasion de concrétiser ce concept. Tout récemment, il avait enfin obtenu de Hitler l'autorisation de lever des bataillons féminins. Dans tous les débats relatifs à l'établissement de positions et à l'affectation des forces, il faisait valoir avec une insistance jalouse que lui seul était responsable de la défense de la capitale. Il considérait par conséquent Reymann comme son subordonné ; lorsqu'une concertation était nécessaire, il exigeait systématiquement que ce dernier vienne le voir dans son bureau personnel. Ce mélange de querelles de compétences, de constants changements de personnel, d'ordres contradictoires, d'informations imprécises concernant les effectifs et les moyens réellement disponibles créait un chaos qui rendait la défense de la capitale plus difficile que jamais.

Faisant fi de la hiérarchie militaire, Goebbels promulguait ses propres « ordres pour la défense de Berlin ». Tous les lundis, il convoquait un « grand conseil de guerre » auquel devaient assister les commandants de toutes les unités présentes sur le terrain, les officiers supérieurs de la SS et de la SA, ainsi que le maire et le chef de la police de la capitale, et même des représentants de l'industrie. Jour après jour, il chargeait également ses *Greiftrupps* (équipes d'intervention) de passer au peigne fin les entreprises et administrations berlinoises pour repérer les « planqués » et les envoyer sur le front. Les chiffres qu'il indiquait n'impressionnaient plus personne ; en fait, ses équipes parvenaient tout juste à réunir quelques petits groupes de civils accablés qu'il fallait ensuite transformer en soldats brûlant de se battre « pour le Führer et la Patrie ».

En fait, la pénurie régnait. Il manquait de tout : blindés, pièces d'artillerie et même armes individuelles, carburant, matériaux de toute sorte pour construire des positions défensives. Au Tiergarten, le zoo de Berlin, des unités du Volkssturm s'exerçaient au combat en rampant sur les pelouses, tandis que d'autres recrues cachées dans les buissons tapaient avec des bâtons sur des boîtes de conserve vides pour imiter le bruit des mitrailleuses. Ailleurs, des rouleaux de carton servaient à s'exercer au maniement du lance-grenades, ou bien l'on construisait des barricades et obstacles antichars de fortune à l'aide de pavés, d'épaves de camions bombardés, de sommiers et de détritus divers. Chaque soldat de la « levée populaire », du moins quand il avait une arme, disposait en tout et pour tout de cinq cartouches. Souvent, cela causait de nouveaux problèmes : alors que les armes étaient pour la plupart de fabrication allemande ou tchèque, les cartouches venaient d'Italie, de France, ou d'autres pays qui avaient été les alliés ou les adversaires de l'Allemagne. Il existait plus de quinze modèles de fusil différents, sans même compter les carabines de chasse ou de sport qui avaient été réquisitionnées, et un nombre incalculable de types de munitions — qui se révélaient pour la plupart inutilisables. C'était un reflet fidèle de la désorganisation qui gagnait progressivement l'Allemagne entière.

Le long de nombreux axes routiers, des unités de la Wehrmacht ou de la levée populaire gagnaient effectivement des localités de la banlieue berlinoise pour y établir des positions défensives ; en route, elles croisaient d'autres formations allant en sens inverse pour protéger l'aéroport de Tempelhof ou le Westhafen (le port fluvial ouest), proche du centre ville. Le général Weymann avait fait savoir que quiconque était inapte au service armé était autorisé à quitter la capitale. Au même moment, Goebbels avait fait afficher sur tous les murs de la ville un communiqué selon lequel, « sur ordre du Führer... tous les hommes âgés de 15 à 70 ans » devaient être prêts à se présenter à l'appel, en précisant qu'il n'y aurait aucune exception. Le communiqué se terminait sur ces mots : « Ceux qui se terrent lâchement dans les abris antiaériens passeront en conseil de guerre et seront condamnés à mort. »

Seuls étaient infatigables les techniciens de la propagande. Jour après jour, ils utilisaient leur « meilleur cheval de bataille », comme l'expliqua froidement Goebbels, pour impressionner une population apeurée en décrivant avec force détails les horreurs de la « bolchévisation de l'Europe » : montagnes de cadavres, femmes violentées, enfants massacrés... Bormann ajoutait avec un rare cynisme que cette « chanson... pouvait se jouer sur une infinité d'airs différents ». Selon lui, ces images terrifiantes ne pouvaient qu'éveiller l'ardeur belliqueuse des Allemands qui se défendraient avec un acharnement sans précédent, et peut-être même défaire la coalition ennemie.

Depuis le 15 avril environ, les journaux avaient cessé de paraître. Prenant le relais de la presse, des rumeurs habilement conçues et largement diffusées étaient chargées de manipuler l'opinion et de maintenir le moral à un niveau élevé. Les succès remportés par les Alliés, affirmait une « source digne de foi », ne seraient rien de plus qu'une ruse de guerre du Führer qui avait délibérément attiré l'ennemi au cœur du Reich afin de pouvoir, au dernier moment, l'exterminer « jusqu'au dernier homme ». Selon d'autres rumeurs, le général Krebs aurait pris contact avec les Russes ; il aurait rappelé au dictateur soviétique qu'à l'époque où il était attaché militaire à Moscou Staline lui avait publiquement donné l'accolade, allant jusqu'à l'embrasser ; « très touché », Staline lui aurait répondu en évoquant la « fraternité d'armes » de jadis. A une autre occasion, l'on colporta l'opinion d'un « officier expert en la matière » selon laquelle la guerre aérienne et les bombardements que les Allemands subissaient depuis des années avec résignation et désespoir constituaient en cette heure décisive une chance inespérée, car ils avaient littéralement préparé Berlin à son nouveau rôle en facilitant les « combats rapprochés » ; dans ces combats de rue, comme en témoignait l'histoire militaire de tous les temps, les défenseurs jouissaient sans conteste d'un grand avantage sur les assaillants. Il était également question de sous-marins armés de « fusées stratosphériques » qui réduiraient New York en poussière et en cendres, ainsi que d'Eisgranaten (littéralement, grenades ou obus de glace) répandant un brouillard corrosif qui détruisait tout. La population accueillait ces diverses rumeurs avec un scepticisme croissant, et souvent caustique. Selon une formule largement répandue à l'époque, la propagande était comparable à l'orchestre de bord d'un navire en train de sombrer qui continuait à jouer des airs entraînants alors même qu'il s'enfonçait dans l'abîme — car c'était l'unique partition disponible.

La situation réelle et l'état d'esprit dominant étaient bien mieux illustrés par les « tribunaux motorisés » qui parcouraient inlassablement les rues, fouillant appartements, entreprises, abris antiaériens et champs de ruines à la recherche de déserteurs. Au moindre soupçon, les « traîtres » étaient fusillés ou pendus sur-le-champ. Le 15 février 1945, Hitler avait ordonné la création de tribunaux spéciaux ; constitués d'un juge pénal, d'un représentant du parti et d'un officier de la Wehrmacht ou de la Waffen-SS, ils étaient chargés de réprimer tout délit susceptible de « nuire à la puissance militaire allemande ou de démoraliser la population ». Dix jours plus tard, Himmler y avait ajouté un corps de « tribunaux d'exception » ; pour finir, le 9 mars, était apparue une « cour martiale itinérante » présidée par le général de corps d'armée Rudolf Hübner, lequel relevait uniquement de l'autorité de Hitler. Apparemment, seule la menace de châtiments expéditifs pouvait encore maintenir le « moral » de la population.

Vers la mi-avril, les informateurs du Sicherheitsdienst (Service de sécurité de la SS) signalèrent que la confiance en l'avenir d'une importante partie des couches dirigeantes s'« effondrait massivement ». Au même moment, Goebbels notait avec irritation qu'un nombre croissant de hauts dignitaires « jouaient les filles de l'air », tandis que le parti était « au bout du rouleau ». Avec une indignation croissante, les Berlinois découvraient dans certains quartiers, depuis le 15 mars environ, des dizaines de condamnés pendus aux arbres et aux reverbères, parfois aussi, pour renforcer l'effet dissuasif, à des barricades ou à des barrages antichars. Il n'existe pas de chiffres précis, ce qui n'a rien de surprenant. Des estimations prudentes font état d'un millier d'exécutions au cours des trois derniers mois. Certains chefs militaires, en particulier le général Hans Mummert, commandant de la division blindée « Münchenberg », étaient tellement outrés par ces agissements irresponsables qu'ils ordonnèrent à leurs hommes de s'opposer aux tribunaux d'exception, au besoin par la force des armes.

De toute évidence, la défaite était inéluctable. Tout était joué, et c'était en vain que l'on continuait à se battre, en se nourrissant d'espoirs illusoires. La situation lui rappelait *Le Crépuscule des dieux* et l'*Edda*, écrivit à son mari Gerda Bormann, la femme de Martin Bormann : « Les nains et les géants, le loup Fenris et le serpent Mitgard, toutes les forces du mal... prennent d'assaut le pont des dieux... Le château des dieux vacille, tout semble perdu. C'est alors que se dresse soudain un nouveau château, plus beau que jamais, et Baldur revient à la vie. » Ces divagations étaient typiques d'une certaine fuite de la réalité consistant à chercher refuge dans les lieux communs de la mythologie. Mais cela ne pouvait durer qu'un temps. Il n'était plus possible d'ignorer le sinistre spectacle des villes incendiées, les interminables colonnes de réfugiés qui emplissaient les routes, le chaos omniprésent qui gagnait le pays tout entier. Ni l'irrésistible et méthodique avance des Alliés qui occupaient une partie croissante du territoire allemand. La résistance faiblissait de jour en jour. Dans des recoins anonymes, au milieu de nulle part, des unités exténuées proches de la dissolution, qu'aucun ordre du Führer ne pouvait plus atteindre, continuaient à se battre tant bien que mal ou essayaient tout simplement de survivre. Hitler n'avait plus guère sous son autorité que quelques avant-postes tenus par des unités dévouées jusqu'au fanatisme, et la zone de plus en plus réduite qui entourait la capitale.

Et pourtant, dans tous les événements de ces jours précédant la fin de la guerre, une énergie désespérée semblait à l'œuvre. Ce que cette force voulait, en réalité, c'était transformer la défaite en catastrophe totale. Si nous ne sommes pas vainqueurs, avait dit Hitler dès le début des années 30 dans un des ses fantasmes relatifs à la guerre à venir, « nous sombrerons... en emportant la moitié du monde avec nous ». Maintenant, il était sur le point de réaliser sa prédiction.

2

Conséquence ou catastrophe : Hitler dans l'histoire de l'Allemagne

La question de savoir si cette fin était prévisible n'est toujours pas résolue. Le charme prussien des façades du palais historique de la Wilhemstrasse recelait-il dès le début le paysage urbain dévasté et les blocs de béton du « bunker du Führer » ? Autrement dit, Hitler doit-il être considéré comme le résultat quasi inéluctable de l'histoire de l'Allemagne, de sorte qu'il s'agissait bien plutôt d'une « conséquence allemande », selon la célèbre formule de l'historien Friedrich Meinecke, que d'une « catastrophe allemande » imprévisible ?

A première vue, la vague d'enthousiasme et d'admiration délirante qui accompagna et suivit la prise du pouvoir, bien qu'elle fût constamment encouragée et renforcée par une mise en scène hautement inventive et riche en coups de théâtre, semble démentir la thèse de ceux qui voudraient n'y voir qu'un accident de l'Histoire. Pourtant, derrière les acclamations, les défilés de masse, les processions aux flambeaux, les déclarations triomphales et les feux de joie inséparables du tableau de ce printemps 1933, il était sans doute possible de déceler une certaine incertitude, voire de l'inquiétude. Une fraction de la population, au moins, se demandait si les nouveaux maîtres du pays n'allaient pas engager celui-ci dans une aventure dangereuse ou, pour le moins, suspecte. Mais la force irrésistible avec laquelle ces hommes s'approprièrent tous les postes clés de la nation politique possédait sa propre et troublante force de persuasion. Pour beaucoup d'Allemands, la république de Weimar ne fut bientôt plus qu'un épisode passager, et aucun souvenir, aucun accès de nostalgie ne la firent regretter. Après tant d'années de gouvernement timoré et d'erreurs politiques apparaissait soudain, comme par miracle, la volonté de prendre un nouveau départ, d'oser une politique hardie qui faisait oublier tous ses doutes à une majorité de plus en plus nombreuse. En dépit de son évidente médiocrité spirituelle et intellectuelle, l'ordre nouveau dont les contours se précisaient de jour en jour attirait des partisans fervents ; comme ses porte-parole ne cessaient de le proclamer, l'avenir lui appartenait.

Ces circonstances de la prise du pouvoir donneraient par la suite l'impression que les Allemands, après de longues années d'acceptation forcée de la démocratie, de l'Etat de droit et des valeurs « occidentales », étaient en quelque sorte redevenus eux-mêmes en revenant au rôle scabreux qu'ils auraient de tout temps joué en Europe. Les premières tentatives d'explication contemporaines invoquaient fréquemment une longue liste de précurseurs, d'Arminius le Chérusque aux empereurs du

Moyen Age, de Frédéric le Grand à Bismarck, dans l'action desquels ils voyaient à tous égards un hitlérisme avant la lettre. La leçon de ces analyses, quelque diverses qu'elles soient, était qu'il n'existait dans l'histoire allemande aucune figure ou événement « innocent ». Même l'idyllique intermède petit-bourgeois de l'avant-mars 1848 était hanté par les spectres de l'obséquiosité et de l'étroitesse d'esprit ; il ne pouvait échapper à aucun regard tant soit peu perspicace que l'aspiration secrète de cette nation était de jouer un rôle prédestiné dans les affaires du monde, au besoin en s'opposant activement aux autres pays. De ce point de vue, le romantisme allemand, malgré ses images au charme trompeur, cachait une tendance inavouée à la cruauté et à la haine du monde civilisé, en d'autre termes l'aspiration au « retour à la forêt », univers primitif et sauvage qui avait de tout temps été plus familier à ce peuple singulier que la civilisation, la Constitution et les Droits de l'homme. L'image du dirigeant SS Reinhard Heydrich jouant du violon et se laissant envoûter par le charme d'une sonate de Schubert finit par devenir une sorte de cliché de l'Allemand modèle.

Ces analyses souvent assez sommaires du caractère et de l'histoire des Allemands sont, d'ailleurs, en majeure partie dues à des auteurs allemands. En fait, ils semblent donner raison à la thèse nationale-socialiste selon laquelle Hitler était non seulement l'héritier légitime de la Prusse et du Reich bismarckien, mais l'aboutissement de toute l'histoire allemande. Reste la question, qui a fait à ce jour l'objet d'innombrables analyses, des lignes de force qui relient le passé de l'Allemagne à Hitler et à l'échafaudage idéologique qui a rendu possible ou, du moins, favorisé son ascension.

Afin de retrouver ces liens et de les illustrer, d'aucuns ont suivi des pistes qui remontent le temps jusqu'à se perdre dans les sables de l'Histoire. Se penchant sur diverses périodes du passé allemand, ils ont identifié le rejet de la réalité caractérisant la pensée allemande, rejet qui donna naissance à une conception élitiste de la culture doublée d'un mépris du fait politique ou, à la rigueur, d'un refus de l'intégrer. Ils ont observé aussi le caractère antidémocratique des structures sociales, le réflexe de soumission à l'autorité de l'Etat ainsi que la nature réactionnaire, prenant souvent des formes extrêmes, de l'élite détenant le pouvoir, élite dont la prééminence restait d'autant plus incontestée que la bourgeoisie allemande n'avait à aucun moment développé une conscience de classe. Ces circonstances et bien d'autres, affirmait-on, avaient suscité au sein du corps social une tradition de discipline et d'obéissance, créant des conditions favorables au totalitarisme. En y ajoutant la faiblesse chronique des institutions politiques du pays, cela expliquait l'attrait qu'exerçaient de tout temps sur les Allemands les grandes figures de dirigeants charismatiques. L'unique condition préalable était que les ordres venus d'en haut correspondent à la tendance dominante de la pensée allemande : un « esprit du temps » nourri de difficultés concrètes et de sentiments de persécution, ainsi qu'une tendance très marquée à élever tout problème quotidien au niveau des principes premiers et à donner à toute question politique un contenu mythologique.

Il est indéniable que nombre de ces observations (qui ont suscité des débats aussi passionnés que durables concernant le « chemin à part » qu'a, ou aurait, emprunté l'Allemagne) peuvent être reliées à l'apparition de Hitler. Il ne faut toutefois pas oublier que l'Histoire est toujours plus « ouverte » qu'elle ne le paraît rétrospectivement au chercheur à l'affût de preuves. Inévitablement, sa recherche sera orientée par des questions qu'il ne se serait jamais posées s'il ne connaissait pas déjà le dénouement de la « pièce ». Enfin, il convient de rappeler que des circonstances similaires existaient sans doute au sein de presque tous les pays (du moins sur le continent européen), même si elles n'ont pas toujours pesé du même poids. Il me semble en tout état de cause difficile d'établir une relation de cause à effet entre le « contexte allemand » et Hitler ; il semble, en revanche, probable que les forces susceptibles de s'opposer à son ascension avaient été en quelque sorte paralysées par les conditions particulières de l'évolution du pays. Une question apparentée demeure également sans réponse, à savoir pourquoi le national-socialisme avait un caractère tellement plus cruel et inhumain que la plupart des autres mouvements extrémistes des années 20 et 30.

En examinant la situation de plus près, au-delà de ces constatations d'ordre général hélas trop plausibles, il faut incontestablement compter au nombre des « spécificités » allemandes l'effondrement de toutes les certitudes consécutif à la défaite de l'automne 1918. La nation qui, de 1870-1871 jusqu'au jour de l'armistice, avait littéralement rêvé du « temps de splendeur » où elle serait véritablement une grande puissance, devait soudain faire face à un bouleversement sans précédent. Une révolution considérée par beaucoup comme un « soulèvement de la populace » qui « sentait la crapule » remettait en question toutes les valeurs traditionnelles : le chaos dans les rues, la constante menace de famine, un taux de chômage sans précédent, des troubles sociaux qui touchaient des provinces entières. Sans oublier, pompeusement mis en scène et entouré de grands discours pacifiques, mais en réalité dicté par l'hypocrisie, le désir de vengeance et une myopie tatillonne, le traité de Versailles et l'humiliation délibérée de l'article 231 sur la responsabilité de la guerre. Plus que toutes les difficultés matérielles imposées au pays par les puissances victorieuses, ce fut cette éviction du cercle des nations civilisées qui suscita une révolte morale. Un observateur a fait remarquer que dès cette époque s'était constituée une « communauté des aigris » qui n'attendait plus qu'un Führer et des mots d'ordre. L'inflation, entraînant la paupérisation de nombreuses couches de la société, à laquelle vint s'ajouter quelques années plus tard la grande crise économique mondiale, exacerba encore plus ce mécontentement ; toutes ces difficultés, toutes les débâcles successives étaient imputées à une république de Weimar attaquée de toutes parts.

Ces affects, et l'indignation croissante suscitée par les événements consternants de la fin des années 20 et du début des années 30, furent mis à profit par Hitler qui, d'un bout à l'autre du pays, déplorait une crise qu'en réalité il faisait tout pour aggraver. Cette crise était son meilleur atout, c'était grâce à elle qu'il espérait arriver au pouvoir. La question, toujours pas résolue de façon réellement satisfaisante, des causes de son ascension ne peut être approfondie si l'on ne tient pas compte du fait qu'il arriva au pouvoir dans une nation moralement brisée. Parallèlement, le succès de Hitler et de son mouvement était en premier lieu un rejet irréfléchi de la malheureuse république de Weimar, cet « Etat coiffé d'un bonnet de fou », pour citer un de ses défenseurs désespérés. Malmenée de l'extérieur, devenue un objet de raillerie pour de trop nombreux Allemands, elle devait en outre faire face au mépris et à la haine de ses ennemis de l'intérieur qui, venus de tous les horizons politiques, s'étaient ligués contre elle.

Toutes ces circonstances avaient contribué à occulter la profonde cassure morale que de nombreux observateurs redécouvrent aujourd'hui à la lumière des horreurs commises par le régime né en 1933. Les contemporains eux-mêmes l'avaient rarement ressentie ou discernée chez leurs compatriotes. Pour comprendre vraiment ce qui s'est passé, il est également indispensable de réaliser que pratiquement aucun des Allemands de l'époque n'avait une idée tant soit peu précise de la nature de la dictature totalitaire qui allait dominer le pays ; personne, sans doute, n'imaginait jusqu'à quels extrêmes l'arbitraire, la privation des droits et la violence allaient être poussés dans un pays qui avait pourtant donné naissance à l'une des grandes cultures du monde. L'imagination des adversaires les plus résolus des nouveaux dirigeants n'y suffisait pas. La grande majorité prévoyait tout au plus un régime autoritaire de type mussolinien — et, comme nul ne l'ignorait, en Italie les trains partaient à l'heure, ce qui était une bonne chose. Après les errements de Weimar, tous souhaitaient un retour à la « ponctualité », qualité typiquement allemande dont ils avaient été privés pendant près de quatorze années qui leur avaient paru insupportables.

Un élément absolument essentiel de la situation allemande, élément qu'il serait difficile de surestimer, n'en reste pas moins Hitler lui-même. Les analyses historiques et sociales les plus habiles et approfondies finissent toutes par revenir à sa personnalité et à sa biographie, lesquelles donnèrent aux événements l'impulsion décisive. Nulle part ailleurs, dans aucun autre pays en proie aux troubles de l'entre-deux-guerres, n'apparut une figure de chef possédant un tel charisme et un discours d'une telle force de persuasion, un homme doté d'une capacité d'organisation et d'une habileté tactique approchantes — ni d'un extrémisme comparable.

Cela dit, il est certain que Hitler pouvait reprendre à son compte des notions et des revendications plus ou moins anciennes, par exemple l'idée que l'Est du continent européen constituait l'« espace vital » naturel du Reich, un espace en quelque sorte prêt à être colonisé. Au cours du premier conflit mondial, lors des débats sur les objectifs de la guerre, un « nettoyage ethnique » de vastes territoires suivi de déplacements de populations avait déjà été envisagé. Il en allait de même de la conception d'une coalition « idéale » qui, aux yeux de Hitler, impliquait des liens étroits avec l'Empire britannique, afin de constituer, de pair avec le « peuple cousin » (et germanique) d'outre-Manche, la « puissance dirigeante du monde ». Du moins dans ses grandes lignes, cette idée, comme de nombreuses autres, existait bien avant Hitler.

La tâche la plus urgente à laquelle la politique allemande devait s'atteler était sans conteste la révision du traité de Versailles ; le projet d'abolition de « diktat » permit à Hitler de toucher un point sensible des anciennes couches dirigeantes, blessées à jamais dans leur fierté nationale. Un mémorandum adressé en 1926 par la Reichswehr au ministère des Affaire étrangères définissait ainsi la ligne que devait suivre la politique étrangère allemande à moyenne échéance : pour commencer, « libération » de la Rhénanie et de la Sarre, ensuite, suppression du couloir polonais séparant le Reich de la Prusse orientale et reconquête de la Haute-Silésie polonaise, puis annexion de l'Autriche et, pour finir, occupation de la zone démilitarisée. Dans le désordre, c'était exactement le programme de politique étrangère de Hitler pendant les années 30. En dépit des doutes que pouvaient éveiller ses paris risqués et ses méthodes expéditives, ces groupes voyaient dans le chef du NSDAP l'homme qui semblait capable de concrétiser leurs visées révisionnistes. Il est en tout cas certain que Hitler sut, mieux que quiconque, utiliser le traité de Versailles, les difficultés que celui-ci avait entraînées et les sentiments de frustration qu'il avait éveillés, pour mobiliser la nation.

Ce que ses partisans et ses complices négligeaient, et ce dont ils ne se doutaient probablement même pas, c'était que Hitler avait la ferme intention de réaliser concrètement ses visions, étrange mélange de fantasmes délirants et de « froids calculs ». Ses tirades au sujet de la guerre, du nouvel ordre mondial, d'un empire gigantesque s'étendant jusqu'à l'Oural et au-delà, n'étaient pas attribuables, comme ils le pensaient, aux caprices momentanés d'un tempérament exalté. Tandis qu'eux voulaient indubitablement réparer l'« affront » que leur avaient fait subir les puissances victorieuses et retrouver les anciennes frontières du Reich — avec sans doute quelques ajouts —, la politique de Hitler ne visait pas à établir ou à rétablir des frontières, anciennes ou nouvelles. Il fallait conquérir de nouveaux espaces, des millions de kilomètres carrés, et, comme Hitler lui-même le précisait à l'occasion, dépeuplés par des « moyens diaboliques ». Sa soif d'espace était inextinguible, et chaque conquête permettait de nouvelles avancées.

Divers auteurs estiment que ces conceptions extrêmes ne constituaient pas en soi une solution de continuité. Pour l'essentiel, elles avaient déjà été développées par les partisans du pangermanisme ou par Ludendorff exposant sa politique de l'Est en 1918. Ce qui rompait réellement la continuité, par contre, c'était le ferment idéologique dont Hitler les chargeait : un mélange de notions confuses et délirantes sur la maladie du monde, la contamination raciale, l'élimination des indésirables et le « renouvellement du sang » en vue de « sauver la planète ». Cet élément fondamentalement nouveau faisait presque oublier l'avidité impérialiste traditionnelle que l'on pourrait qualifier de « naïve ». C'était une utopie raciale promettant l'avènement d'une ère nouvelle. Cette idée devait être portée et concrétisée par quelques centaines de millions d'êtres humains génétiquement semblables et conscients de leur pureté raciale qui accompliraient impassiblement leur mission historique en conquérant d'immenses espaces, en exterminant les membres des « races inférieures » ou en les réduisant à divers degrés d'esclavage ou de soumission : l'« homme nouveau » inlassablement occupé à planifier, à détruire, à déplacer des populations, et qui se reposerait de ses dures tâches historiques dans les hôtels de masse de l'organisation Kraft durch Freude (« la force par la joie ») aux îles Canaries, dans les fjords norvégiens ou en Crimée, où l'on organiserait à son intention de joyeuses soirées folkloriques. C'était une rupture avec tout ce qui caractérisait jusqu'alors le monde dit civilisé. Attribuer à cette « révolution » une origine qu'elle ne possédait pas reviendrait à être, rétrospectivement, victime de la propagande du régime. Cette perspective monstrueuse tirait uniquement son origine d'elle-même. Jamais, en tout cas, une pensée n'était allée aussi loin ni n'avait été aussi délirante. Une fois ce point ultime atteint, il n'existait aucune ligne la reliant à quoi que ce soit, et certainement pas à Bismarck, à Frédéric le Grand ni même aux empereurs médiévaux.

Ce qui distinguait Hitler de tous ses prédécesseurs sans exception, c'était un manque total de responsabilité historique, d'altruisme et de sens du devoir. Témoignant d'un égocentrisme sans égal dans toute l'Histoire, il avait décrété que l'existence même de son pays ne dépasserait pas sa propre durée de vie, comme Albert Speer le lui reprocha dans une lettre datée du 28 mars 1945. Plus encore que les coups de poker du début, de l'occupation de la Rhénanie en 1936, lorsqu'il attendit fébrilement pendant vingt-quatre heures ce que le destin lui réservait, jusqu'à l'invasion de la Tchécoslovaquie au printemps 1939, son attitude de la fin montre qu'il n'était rien de plus qu'un joueur rusé qui avait joué son va-tout — et qui avait perdu. Au-delà, il n'y avait que le néant.

Un des généraux nationaux-socialistes les plus radicaux, le principal aide de camp de Hitler, Wilhelm Burgdorf, qui s'enorgueillissait de son « idéalisme illimité » envers « le Führer et le peuple », avait rencontré Martin Bormann dans un couloir du bunker, peu avant la fin. Au cours de la discussion, ils s'étaient échauffés, et Burgdorf avait crié au tout-puissant secrétaire de Hitler que son propre dévouement à la cause commune lui avait valu le mépris de ses camarades officiers qui étaient allés jusqu'à le taxer de « traître ». Maintenant, il était contraint de reconnaître que ses adversaires avaient raison : son « idéalisme » était « erroné », et lui-même s'était montré « naïf et stupide ». Le général Krebs, connu pour son dévouement inconditionnel envers Hitler, avait assisté à cette altercation ; lorsqu'il avait voulu s'interposer, Burgdorf l'avait repoussé avec ces mots : « Laisse-moi, Hans, un jour ou l'autre, il faut que tout cela soit dit ! » Les jeunes officiers, avait poursuivi Burgdorf, étaient « allés à la mort par centaines de milliers », et il se demandait bien pourquoi. La réponse était : ni pour la patrie, ni pour l'avenir. Il avait enfin compris : « C'est pour vous qu'ils sont morts... Des millions de gens innocents ont été sacrifiés, pendant que vous, les dirigeants du parti, vous enrichissiez aux dépens du peuple et du pays. Vous avez fait la noce, vous avez amassé des fortunes colossales, volé de grands domaines, fait construire des châteaux, vous avez nagé dans l'opulence, trompé et opprimé le peuple. Nos idéaux, notre éthique, notre foi, notre âme, vous les avez traînés dans la boue. Les êtres humains n'étaient plus que les instruments de votre insatiable soif de pouvoir. Vous avez détruit notre culture séculaire et le peuple allemand lui-même. La responsabilité que vous portez est terrible. »

Après ces mots, poursuit le témoignage, un silence total s'était fait dans le bunker. Puis Bormann, « froid, impassible et onctueux », avait répondu : « Voyons, mon cher, pas d'attaques personnelles ! Même si tous les autres se sont enrichis, je n'ai rien à me reprocher... A la tienne, cher ami ! »

Avant que Wilhelm Burgdorf ne mette fin à ses jours peu de temps après, Hitler lui donna en quelque sorte raison. Le 17 avril 1945, après une des dernières conférences du bunker, il parla (en se référant à un texte de Richelieu) de tout ce à quoi il devrait renoncer en mourant : ses grands projets et ses « plus chers souvenirs ». Tout de suite après, le personnage qu'il avait passé toute sa vie à perfectionner était revenu au premier plan : le joueur, le risque-tout et aussi, peut-être même surtout, l'homme surgi du néant — qui était sur le point de retourner au néant en laissant pour tout héritage une gigantesque accumulation de ruines de toute sorte. « Que signifie tout cela ! avait-il dit avec un geste de dédain aux officiers assemblés. « Un jour ou l'autre, il faut bien renoncer à tant de pourpre ! »

3

« La guerre est perdue ! »

Le 20 avril, jour du cinquante-sixième anniversaire de Hitler, les hauts dignitaires du régime se réunirent une dernière fois : Goebbels, Himmler et Bormann, Speer, Ley, Ribbentrop, quelques gauleiters ainsi que les principaux chefs de la Wehrmacht. Göring était venu de son domaine de chasse de Karinhall. En début de matinée, il avait surveillé le départ pour l'Allemagne du Sud de vingt-quatre camions chargés de meubles, de tableaux et d'antiquités diverses qu'il avait accumulés au fil des ans. Après le départ de la colonne de poids lourds, il avait gagné l'allée donnant sur le portail et, sans manifester la moindre émotion, avait abaissé le levier d'une boîte métallique disposée à cet endroit. Aussitôt, avec une déflagration assourdissante, Karinhall avait explosé. Sans même jeter un coup d'œil sur ce qui restait de son château, Göring avait dit à l'officier qui l'accompagnait : « Il arrive que l'on soit obligé de faire de telles choses lorsqu'on est l'héritier de la Couronne. » Sur ce, il s'était mis en route pour Berlin. Quelques jours auparavant, Eva Braun avait fait son apparition au bunker ; elle s'était installée dans une pièce relativement spacieuse adjacente à la suite de Hitler.

L'anniversaire fut célébré non dans le bunker, mais dans les salles plus vastes et plus accueillantes de la nouvelle chancellerie qui offraient pourtant un triste spectacle ; tableaux décrochés, meubles déménagés, sans compter les dégâts causés par les bombardements. La réunion de ces nombreux dignitaires en uniforme n'en ravivait pas moins le souvenir des prestigieux galas de jadis, en dépit du hurlement ininterrompu des sirènes qui assombrissait encore plus l'ambiance, de toute manière morose. Après avoir prononcé une brève allocution, Hitler était allé de groupe en groupe, recevant avec un sérieux parfois mêlé d'impatience les « meilleurs vœux » de ses fidèles. Ensuite, il leur avait dit des paroles d'encouragement et d'espoir. Au début, selon les dires d'un témoin oculaire, il paraissait totalement exténué et s'efforçait plus que jamais de dissimuler le tremblement dont son bras gauche était agité ; mais au bout d'un moment la confiance en l'avenir qu'il s'évertuait à insuffler à ses interlocuteurs sembla le ranimer lui-même, de sorte qu'il était par instants « comme galvanisé ». Dehors, sur la Wilhelmstrasse, la Leibstandarte (garde personnelle de Hitler) défilait au pas devant le général SS Wilhelm Mohnke.

Au cours de la matinée, le mot de code « Clausewitz » avait été diffusé, instituant l'« état d'alerte » qui était à toutes fins utiles l'équivalent de l'état d'exception. Parallèlement, il fut annoncé que Hitler avait décidé d'appliquer une mesure envisagée depuis déjà plusieurs jours :

dans l'éventualité où les territoires encore contrôlés par les forces allemandes seraient coupés par l'avance de l'ennemi, ils seraient divisés en une « zone Nord » placée sous les ordres de l'amiral Karl Dönitz, et en une « zone Sud », commandée par le maréchal Albert Kesselring. Cette mesure désespérée donna encore une fois l'occasion de louer le « génie militaire » du Führer qui réussissait envers et contre tous à transformer des positions défensives en positions offensives. Goebbels illustra ce concept en comparant les deux « commandements » aux branches d'une « tenaille stratégique » qui préparait un « second Cannes » pour les Alliés pris au dépourvu.

En leur for intérieur, malgré tous leurs discours ampoulés et faussement admiratifs sur les « coups de génie » militaires et sur une victoire déclarée imminente en dépit de toutes les preuves du contraire, la plupart des assistants attendaient la fin de la cérémonie avec une nervosité croissante. Ils ne savaient que trop bien que l'Armée rouge était sur le point d'encercler complètement la capitale. Au nord et au sud, il subsistait uniquement des couloirs qui se rétrécissaient de jour en jour. Pendant la réception, Göring alla jusqu'à demander à un aide de camp d'aller aux nouvelles : il voulait savoir jusqu'à quand, selon les meilleures estimations, il serait encore possible de passer.

Comme s'il sentait la méprisable impatience de la majorité des participants, Hitler s'ingéniait à les retenir en faisant durer la cérémonie d'anniversaire. Celle-ci terminée, il leur fallut encore assister au compte rendu de situation organisé dans le large couloir tenant lieu de salle de conférences. A cette occasion, le dictateur ordonna de déclencher une violente contre-offensive pour repousser les forces soviétiques qui, au nord et à l'est de la capitale, avaient atteint la ligne défensive extérieure. Une fois de plus, il engagea dans cette nouvelle bataille « décisive » des forces qui n'existaient que dans son imagination. Et, comme toujours quand il se mettait à planifier des opérations, il se perdit en détails tactiques mineurs tels que la position d'une pièce d'artillerie ou le meilleur emplacement pour établir un nid de mitrailleuses. Silencieux et impassibles, les officiers suivaient sa démonstration sans broncher. Seul le gras et massif Göring, qui avait pris place en face de Hitler, avait du mal à cacher son agitation, comme s'il comptait les minutes perdues pour rien.

La veille au soir, Hitler avait pourtant envisagé une autre option : ne serait-il pas préférable d'abandonner une ville vidée de presque tous ses soldats et devenue pratiquement indéfendable ? Il avait également évoqué la possibilité de prendre en personne le commandement de la « zone Sud » et de poursuivre le combat depuis l'Obersalzberg. Faisant peut-être allusion à sa propre survie, il avait également, une fois de plus, mentionné la légende selon laquelle l'empereur Barberousse dormait depuis des siècles au sein de la montagne. Mais Goebbels l'avait conjuré de rester à Berlin. Si la mort était son destin, il était infiniment préférable de la trouver dans sa capitale en ruines ; il le devait à sa mission mondiale, aux serments de jadis, à sa stature historique. Le Führer, comme il l'avait déjà déclaré à diverses reprises, ne devait pas finir ses jours dans sa « maison de vacances ». Il est probable que cet argument impressionna tout particulièrement Hitler qui s'était toujours vu dans des décors majestueux. Ce n'était qu'à Berlin, avait ajouté Goebbels, qu'il pourrait remporter une « ultime victoire » en donnant par sa mort un « exemple moral » au monde entier.

Et maintenant, Hitler annonçait à ceux qui assistaient à la conférence que, au cours de la nuit, il avait réfléchi : s'étant mis en règle avec sa conscience, il avait résolu de rester dans la capitale. Après un bref moment de stupeur, presque tous le supplièrent de quitter Berlin : dans quelques heures, peut-être, l'ultime issue serait fermée, et plus personne ne pourrait sortir de la ville. Hitler resta inébranlable. « Comment pourrais-je, fit-il valoir, inciter les troupes à mener la bataille décisive pour Berlin si au même moment je m'enfuis pour gagner un lieu sûr ! » Pour mettre un terme à ces arguments, déclara-t-il pour finir, il avait décidé, en ce qui le concernait personnellement, de laisser la décision entre les mains du « destin » ; néanmoins, ceux qui le souhaitaient étaient libres de partir. Pour souligner le caractère irrévocable de sa décision, il ordonna, sans même consulter les commandants responsables, Heinrici et Busse, d'affecter à Berlin le 56e corps blindé du général Weidling qui, depuis la bataille de Seelow, était engagé dans d'âpres combats défensifs.

Dès que Hitler eut annoncé que la conférence était terminée, Göring s'avança pour prendre congé. Blafard et couvert de sueur, il fit allusion aux « tâches urgentes » qui l'attendaient « en Allemagne du Sud ». Hitler garda le silence, sans même le regarder, comme s'il avait percé à jour (en réalité, il l'avait fait depuis longtemps) les manigances indignes de l'homme qui était son adjoint. Aussitôt après, accompagné par Goebbels, Himmler, Speer et Bormann, Hitler gagna les jardins de la chancellerie.

Près de l'entrée du bunker, devant le parc éventré par les obus, couvert d'arbres déracinés ou déchiquetés, un autre groupe attendait de lui présenter ses félicitations : des détachements de la division SS « Frundsberg » et de l'armée de Courlande, durement éprouvées, ainsi qu'une délégation de l'« unité de destruction de blindés » des Jeunesses hitlériennes. Le dos courbé, comme recroquevillé dans son pardessus, Hitler passa les formations en revue, serrant la main à chaque soldat. Ensuite, il alla vers le groupe de la Hitlerjugend, caressant parfois la tête des adolescents et distribuant des décorations.

Mobilisant toutes ses forces, il réussit à prononcer quelques phrases, d'où il ressortait que la bataille de Berlin devait être gagnée à tout prix. A la fin, il s'écria d'une voix rauque : « Heil euch ! » (littéralement, « Salut à vous ! »). Personne ne répondit. « On n'entendait que le grondement du front qui n'était plus qu'à trente kilomètres à peine », se souviendra le Reichsjugendführer (chef de la jeunesse du Reich) Artur Axmann.

Lorsque Hitler eut regagné le bunker, le grand exode commença. En longues files, les ministres et dignitaires du parti prirent congé de leur Führer, avec quelques mots hâtifs et embarrassés, puis se mirent en route, suivis par d'interminables colonnes de camions. Selon le témoignage d'un de ses aides de camp, Hitler, « profondément déçu, ébranlé même, se contentait de répondre par un hochement de tête », laissant partir « sans un mot » ces hommes « qu'il avait jadis rendus puissants ».

Tandis que les uns prenaient le large, d'autres, accompagnés des « vœux ardents » de la population, allaient au front. Vers 10 heures du soir, Hitler informa ses proches collaborateurs qu'il avait l'intention d'« alléger » son personnel ; deux de ses secrétaires, plusieurs aides de camp, les sténographes et son médecin personnel, le Dr Morrell, furent effectivement envoyés en Allemagne du Sud. Peut-être les rejoindrait-il, déclara Hitler au moment du départ ; se tournant vers Morrell, il ajouta : « Les médicaments ne peuvent plus rien pour moi. » Sur ce, il se retira dans ses appartements, plus tôt que de coutume. Quelques-uns de ceux qui restaient — y compris Eva Braun et Bormann — se rendirent ensuite à la nouvelle chancellerie afin d'organiser une petite fête nocturne dans l'appartement de Hitler, à moitié vidé de ses meubles. Ils se firent servir des boissons et, s'efforçant d'oublier l'univers spectral du bunker, dansèrent et redansèrent sur la musique de l'unique disque qu'ils avaient trouvé ; la chanson parlait de « roses rouge sang » et de bonheur à venir. Ensuite, les tirs d'artillerie de plus en plus proches les obligèrent à regagner la « catacombe ».

La nouvelle que les dignitaires du régime étaient libres de quitter la capitale se répandit comme une traînée de poudre. Aussitôt, les candidats au départ assiégèrent le

QG, près du château, du commandement militaire de Berlin qui était chargé d'établir les indispensables documents. En l'espace de quelques heures, plus de deux mille laissez-passer furent délivrés, en dépit de l'ordre émanant de Goebbels selon lequel aucun homme capable de porter les armes ne devait quitter la ville. Le matin du même jour, le secrétaire d'Etat Otto Meissner, l'indéracinable secrétaire à la présidence, avait téléphoné pour annoncer que, afin de préserver sa liberté de mouvement, il avait transféré ses services dans le Mecklembourg ; Goebbels avait répondu qu'il regrettait de ne pouvoir faire ce dont il avait envie depuis douze ans, à savoir lui cracher au visage. Dans une allocution radiodiffusée la veille au soir à l'occasion de l'anniversaire de Hitler, le même Goebbels avait déclaré avec sa grandiloquence habituelle :

« L'Allemagne est et demeure le pays de la loyauté. Au moment du plus grand danger, elle doit célébrer son plus beau triomphe. Jamais l'histoire ne pourra dire qu'en ce moment crucial un peuple abandonna son chef, ni qu'un chef abandonna son peuple. C'est cela, la victoire ! » Dieu ne manquerait pas, « comme si souvent par le passé, de renvoyer Lucifer, alors qu'il était sur le point... de dominer tous les peuples, dans les abîmes d'où il a surgi ». Dans cette partie de la terre, poursuivit-il, ne régneront jamais les forces des ténèbres, mais « l'ordre, la paix et la prospérité ». Le Führer, et lui seul, était « le cœur de la résistance à la corruption du monde ». Deux jours plus tard, dans son dernier éditorial pour l'hebdomadaire *Das Reich*, il mobilisa toute sa véhémence pour parler de « résistance à tout prix », de « garçons et de jeunes filles » qui stopperaient l'assaut des hordes asiatiques « avec des grenades à main et des mines..., tirant sur l'ennemi depuis des fenêtres ou des soupirails, en se riant du danger ».

Le lendemain matin, Hitler fut tiré du sommeil vers 9 heures et demie, environ deux heures plus tôt que de coutume. C'était pour l'informer que l'artillerie russe tirait sur le centre de la ville ; peu après, il s'avéra que de nombreux obus étaient tombés sur la Porte de Brandebourg, sur le Reichstag et même sur la gare de la Friedrichstrasse. Lorsque, peu après, Hiler arriva dans l'antichambre, pas rasé et visiblement perturbé, sa première question fut : « Que se passe-t-il ? D'où viennent ces tirs ? » Lorsque Burgdorf lui expliqua que le centre était apparemment pris pour cible par une position située au nord-est de Zossen, Hitler devint très pâle : « Les Russes sont donc si près ? » Il se fit aussitôt mettre en communication avec le général Koller, chef d'état-major de la Luftwaffe. Dans son mémoire, Koller écrit :

« En début de matinée, Hitler m'a appelé. "Savez-vous que Berlin est pris sous le feu de l'artillerie ? Le centre-ville. — Non ! — Vous n'entendez donc rien ? — Non ! Je suis à Wildpark-Werder." Hitler : "Les tirs d'artillerie ont causé un grand émoi dans la ville. Il s'agirait d'une pièce de gros calibre montée sur rails. Les Russes auraient pris le pont ferroviaire de l'Oder. L'aviation doit immédiatement repérer cette batterie et la détruire." Moi : "L'ennemi n'a pris aucun pont de chemin de fer sur l'Oder. Peut-être a-t-il réussi à s'emparer d'une pièce d'artillerie lourde allemande qu'il a ensuite retournée contre nous. Mais il s'agit probablement de canons de moyen calibre de l'armée russe, dont la portée est suffisante pour atteindre le centre-ville." Longue discussion au sujet du pont sur l'Oder, de la capacité de l'artillerie russe à bombarder le centre de Berlin... Hitler insiste pour que je repère et attaque cette batterie sans tarder. Il me donne dix minutes, pas plus, pour connaître l'emplacement exact de la batterie... »

Koller poursuit : « J'appelle le PC divisionnaire de la DCA au bunker du zoo pour demander des précisions. J'apprends qu'il ne s'agit que d'obus de calibre 10 ou 12 centimètres. La batterie russe qui tire sur le centre a été observée ce matin par la DCA alors qu'elle se mettait en position près de Marzahn. Distance par rapport au centre-ville : environ douze kilomètres... Lorsque je communique ces constatations à Hitler, il est incrédule. »

La conversation rapportée par Koller est caractéristique de l'attitude de Hitler face à la réalité en général, de l'imagination fébrile qui le pousse à parler, sans aucune connaissance des faits, de pièces de gros calibre, à inventer des canons montés sur rails et des ponts sur l'Oder. Plus encore qu'une information insuffisante ou déformée selon son bon plaisir, ses déclarations reflètent le désordre total qui régnait au sein du haut commandement. Le mémoire, rédigé par Koller le 21 avril, poursuit :

« Peu après, Hitler me rappelle en personne. Il demande des chiffres précis concernant les missions aériennes actuellement en cours au sud de Berlin. Je réponds que, compte tenu du mauvais fonctionnement des communications avec les unités, il est impossible d'obtenir une réponse rapide. Il faudra se contenter des rapports qui arrivent automatiquement matin et soir. Cela l'a vivement irrité. »

Selon divers témoignages, Hitler aurait ensuite donné plusieurs autres coups de téléphone. Une fois, il voulait savoir ce que devenaient les avions à réaction stationnés aux abords de Prague. Ensuite, il voulut avoir des précisions sur l'« armée privée » que Göring aurait constituée. Se reférant des écrits de l'industriel Hermann Röchling, il s'écria soudain, comme le note Koller : « Il faudrait pendre sur-le-champ tous les chefs de la Luftwaffe ! » Et ainsi de suite, une succession sans fin de questions, d'ordres ou de démentis, interrompue parfois par de brèves analyses de la situation. « Satan lui-même n'y retrouverait pas ses petits », note le général, complètement désorienté.

Désireux de se faire une idée un peu plus globale de la situation, Koller essaya d'entrer en contact avec le général Krebs. Après plusieurs tentatives infructueuses, il finit par obtenir le général au téléphone vers 11 heures et demie du soir. Il lui demanda en particulier des précisions sur une opération de diversion effectuée par les forces du général SS Steiner, mentionnée par Hitler mais dont il n'avait pas été informé par ailleurs. A ce moment, et à sa grande suprise, Hitler lui-même intervint dans la conversation. « Soudain, note Koller, j'entends dans l'appareil sa voix, très irritée : “Douteriez-vous de mes ordres ? Je crois m'être exprimé avec une clarté suffisante. Toutes les forces de la Luftwaffe stationnées dans l'espace Nord et qui sont disponibles pour les combats terrestres doivent immédiatement être mises à la disposition de Steiner. Quiconque retient ou retarde ces forces encourt la peine de mort... Vous-même en répondrez sur votre tête." »

Quelque temps après, quand un officier vient lui faire son rapport, Hitler est au comble de l'indignation parce que aucun sténographe n'est présent — alors qu'il les a lui-même autorisés à partir quelques heures auparavant. Comme chaque fois que les événements le désenchantent ou lui donnent tort, il trouve une seule explication : « Trahison ! » A une heure plus avancée de la nuit, alors que Walter Hewel, « délégué permanent du ministre des Affaires étrangères auprès du Führer », un homme que Hitler appréciait énormément, lui demande d'ultimes instructions et se permet de faire observer que c'est manifestement le dernier moment pour prendre une initiative politique, Hitler se lève et lui dit « d'une voix basse, totalement méconnaissable, tout en quittant la pièce d'un pas traînant et las : "Politique ? Je ne m'occupe plus de politique. Cela me répugne vraiment trop. Lorsque je serai mort, vous aurez bien assez de politique à faire." »

Manifestement, les nerfs des dirigeants du régime craquaient de plus en plus, de même que la façade d'intransigeance et de prétendue foi en la victoire. Pendant la dernière conférence de presse donnée par Goebbels dans sa résidence aux fenêtres condamnées avec du carton, à la lumière des bougies, il imputa l'entière responsabilité de l'échec de leurs grands desseins au corps des officiers et à la « réaction » avec laquelle ceux-ci auraient été contraints de conclure une alliance. Encore et toujours, expliquait-il au cours d'interminables exposés, cette vieille caste n'aurait fait que « trahir » : de l'armement déjà négligé en temps de paix et des décisions erronées prises pendant les campagnes de France et de Russie, jusqu'aux défaillances lors de l'invasion alliée, sans même parler de l'attentat du 20 juillet.

Lorsqu'un haut fonctionnaire de son ministère avait fait observer qu'il ne fallait pas pour autant sous-estimer la fidélité, la foi en l'avenir et la volonté de sacrifice du peuple, Goebbels, qui d'habitude pesait soigneusement ses termes, rétorqua vivement que le peuple avait lui aussi trahi. « Que voulez-vous que je fasse d'un peuple, dit-il avec indignation, dont les hommes ne se battent même plus quand on viole leurs femmes ? » A l'est, s'écria-t-il, « le visage rouge empourpré de rage », il prend la fuite, et à l'ouest, il accueille l'ennemi avec des drapeaux blancs. Il n'éprouvait aucune sympathie pour ce peuple, d'autant plus qu'il avait lui-même choisi son destin. En 1933, lors du référendum relatif à la démission de l'Allemagne de la Société des Nations, il s'était librement décidé contre une politique de sujétion et de conformisme, et pour une politique de l'audace. Cette politique du risque avait échoué, c'était un fait. Se levant de son siège, il avait ajouté : « Oui, pour certains, c'est sans doute une surprise... Mais ne vous y trompez pas, je n'ai contraint personne à collaborer avec moi, de même que nous n'avons pas forcé la main au peuple allemand. C'est lui-même qui nous a confié cette mission... Et maintenant, on va tous vous égorger ! » Arrivé à la porte, il se retourna encore une dernière fois et cria : « Mais quand nous effectuerons notre sortie, le monde entier tremblera ! »

Entre-temps, les hommes du bunker avait été informés que, non seulement les forces du maréchal Joukov dans le secteur central du front et celles du maréchal Koniev au sud, mais aussi le deuxième front de Biélorussie, commandé par le maréchal Konstantin K. Rokossovski, marchait sur Berlin après avoir enfoncé les lignes allemandes à Stettin. Typiquement, cela n'incita pas Hitler à concentrer toutes les forces disponibles dans le périmètre défensif de Berlin. Bien au contraire, il vit dans cette percée l'occasion de déclencher une violente contre-offensive. Quant aux forces qui l'effectueraient, il prit sur la carte d'état-major un petit drapeau planté aux environs d'Eberswalde et portant la mention « groupe Steiner ». Se joignant à la 9e armée du général Busse, un nouveau groupe constitué sous le commandement du général SS Felix Steiner devait attaquer le flanc sud-est de l'assaillant soviétique et rétablir jusqu'à Cotbus le front devenu précaire qui défendait la capitale. « Chercher une issue vers l'ouest, précisa Hitler d'un ton menaçant, est expressément interdit à tous. Les officiers qui ne respecteront pas inconditionnellement ces instructions seront arrêtés et fusillés sur-le-champ. Quant à vous, ajouta-t-il à l'intention de Steiner, je vous confie la responsabilité de l'exécution de cet ordre, vous en répondrez sur votre tête. »

Le problème, car il y en avait un, c'était que l'armée de Busse ne comportait plus guère que des formations dispersées qui luttaient avec l'acharnement du désespoir contre un encerclement imminent ; quant au « groupe Steiner », il n'existait tout simplement pas. Sa constitution avait sans doute fait l'objet de toute une série d'ordres répétés avec une extrême insistance, mais ces ordres étaient en partie contradictoires et en partie impossibles à exécuter compte tenu du chaos qui régnait dans tous les secteurs du front. Qui plus était, on avait négligé d'en informer le commandant compétent, le général Heinrici ; quand il en avait finalement été informé, il avait aussitôt téléphoné au général Krebs.

L'opération Steiner, lui expliqua Heinrici, était indubitablement vouée à l'échec et faisait de surcroît courir un grand risque à ses propres unités. Il demandait instamment le repli de la 9e armée menacée d'encerclement. Au cas où sa demande serait jugée irrecevable, il était prêt à donner sa démission. Il préférait, ajouta-t-il, combattre en qualité de simple soldat, plutôt que d'exécuter un ordre qui aurait pour seule conséquence le sacrifice inutile de nombreuses vies humaines. Krebs resta sourd à ces arguments, et quand Heinrici lui rappela la responsabilité que tous deux avaient envers leurs hommes, Krebs le reprit vertement : « Seul le Führer porte cette responsabilité. »

Pourtant, Heinrici avait une vue bien plus objective de la situation, comme on le vit dès le lendemain, lorsqu'il se rendit au PC de Steiner, accompagné du général Jodl, chef d'état-major de la Wehrmacht. Avant même d'aborder les questions de planification et autres sujets généraux, le général SS demanda à ses visiteurs : « L'un de vous a-t-il vu mes unités ? » A la fin de l'entretien, Heinrici, s'adressant directement à Steiner, cita l'ordre de Hitler qui se terminait sur ces mots : « Le sort de la capitale dépend du succès de votre mission ! » Puis, se référant manifestement au fait que son interlocuteur était un haut gradé de la SS, Heinrici ajouta : « Il faut attaquer, Steiner — pour l'amour de votre Führer ! » Steiner le regarda un moment, décontenancé, avant d'exploser : « Mais il est aussi *votre* Führer ! »

D'heure en heure, la situation devenait plus chaotique. Le 22 avril, le général Reymann, nommé commandant de la place de Berlin environ deux mois auparavant, et auquel Hitler et surtout Goebbels avaient à plusieurs reprises reproché son manque de détermination, fut démis de ses fonctions. Il fut remplacé par le colonel Ernst Kaether ; jusqu'alors responsable de l'endoctrinement et de la surveillance idéologique des forces armées, il fut pour l'occasion promu général de corps d'armée, pas moins. Comme Kaether passa le reste de la journée à informer tout un chacun de sa glorieuse promotion et ne se montra en tout état de cause pas à la hauteur de la tâche qui lui avait été confiée, il fut relevé de ses nouvelles fonctions le soir même et rétrogradé au rang de colonel.

Le même jour, la rumeur se répandit que le général Weidling aurait transféré son PC du sud-est de Berlin à Döberitz, dans la banlieue ouest de la capitale. Lorsque Busse et Hitler furent informés de la décision arbitraire du général, ils ordonnèrent, chacun de son côté, de relever immédiatement Weidling de ses fonctions, de le traduire devant le tribunal militaire le plus proche et de le fusiller. Loin de se laisser intimider, le général Weidling se rendit sans tarder au bunker de la chancellerie. Rencontrant Krebs et Burgdorf dans un des couloirs souterrains, il leur demanda sans détour pour quelle raison il devait être fusillé. Lorsqu'il leur eut décrit en détail la situation dans son secteur du front et apporté la preuve que son PC se trouvait toujours au sud-est de Berlin, « à un ou deux kilomètres seulement des premières lignes », les deux généraux devinrent « nettement plus aimables ». Peu après, ils l'accompagnèrent au bureau de Hitler, dans la partie la plus profonde du bunker.

Hitler l'avait reçu avec un « visage boursouflé » et un « regard étrangement brillant, comme s'il avait la fièvre », se souvient Weidling. Lorsqu'ils eurent tous pris place, il remarqua avec effroi que la jambe gauche du Führer, même quand il était assis, était « agitée d'un mouvement constant, semblable à celui du balancier d'une horloge, mais un peu plus rapide ». Weidling décrivit d'abord les rapports de forces dans son secteur de la ligne défensive, puis Hitler prit la parole. Le général suivit avec une « stupéfaction croissante » son exposé sur la défense de Berlin. A en croire Hitler, les forces soviétiques auraient été « durement éprouvées », d'abord au sud de la capitale, et finalement « exterminées » par des unités depuis peu jetées dans la bataille par Steiner, Busse et d'autres. En même temps, « d'autres forces » auraient arrêté l'Armée rouge au nord, avant de lui livrer la bataille décisive de concert avec les autres formations. Avant même de quitter le bunker, Weidling informa son état-major du déroulement de l'entretien et donna quelques instructions d'ordre tactique. Le lendemain, Krebs informa le général que Hitler l'avait nommé « commandant du périmètre défensif de Berlin ». Plus atterré que jamais, Weidling rétorqua sèchement, « J'aurais nettement préféré que vous ordonniez de me fusiller. Ce calice s'éloignerait de mes lèvres. »

D'autres surprises devaient suivre. Depuis quelque temps, un autre nom avait été fréquemment mentionné, éveillant les espoirs les plus extravagants. Un jour, en début d'après-midi, le général Krebs prit contact avec Heinrici pour l'informer que la 12e armée du général Walter Wenck, stationnée dans la région de Magdebourg, allait très prochainement faire marche sur Berlin. Cette décision, avait précisé Krebs, était d'autant plus logique que les forces américaines considéraient apparemment l'Elbe comme une ligne de démarcation ; en tout état de cause, rien n'indiquait qu'ils avaient l'intention de franchir le fleuve.

Etant donné que la 12e armée était en majeure partie constituée de troupes aguerries et qu'elle avait récemment reçu des renforts, les espoirs que l'on mettait dans son intervention n'étaient pas entièrement dénués de fondement. D'autres facteurs entraient cependant en ligne de compte : cette armée était en voie de réorganisation et n'avait en outre aucune expérience des opérations combinées. Un fait encore plus grave, et dont personne ne tenait compte (ou que l'on se refusait à voir) dans ce monde artificiel de cartes et de petits drapeaux, était que Wenck ne disposait d'aucun blindé et n'avait que de rares batteries antiaériennes pour lutter contre une aviation ennemie qui dominait l'espace aérien, sans compter que deux divisions qui lui avaient été promises n'étaient pas arrivées — et n'arriveraient d'ailleurs jamais. Ce n'était pas tout. En l'espace de quelques jours, le secteur de la 12e armée s'était transformé en un gigantesque caravansérail : plus d'un demi-million de réfugiés repoussés par l'Armée rouge jusqu'à l'Elbe s'y étaient regroupés, car les forces américaines leur interdisaient la traversée du fleuve. De plus en plus nombreux, car de nouveaux réfugiés arrivaient jour après jour, ils constituaient en quelque sorte l'avant-garde des millions de personnes déplacées qui finiraient dans des camps de réfugiés ou comme travailleurs forcés à l'est.

Heinrici se garda bien d'attirer l'attention de Krebs sur les innombrables difficultés qui ralentiraient, voire empêcheraient toute planification efficace. Depuis plusieurs jours, avec un dédain croissant des ordres émanant du bunker, il poursuivait un unique objectif : faire en sorte que le groupe d'armées contourne Berlin au nord comme au sud, afin d'éviter à la capitale une bataille aussi sanglante qu'inutile. Dans toute la mesure du possible, les forces allemandes devaient se rapprocher des lignes britanniques et américaines. En conséquence, prenant pour prétexte la nouvelle concernant Wenck, il demanda au général Busse d'effectuer une percée vers l'ouest avec toutes les forces encore en état de combattre, et de tenter de rejoindre la 12e armée de

Wenck. Lorsque Busse, toujours fidèle au Führer, émit des protestations, Heinrici lui déclara sèchement que c'était un ordre et mit fin à la conversation.

Seuls subsistaient la volonté de tenir à tout prix et l'espoir illusoire d'un effondrement imminent de ce que Goebbels ne se lassait pas d'appeler la « coalition perverse entre la ploutocratie et le bolchévisme ». La résistance armée avait pour principal objectif un gain de temps de quelques jours, répétait-il aussi ; avec le mordant qui le caractérisait, il affirmait maintenant que l'occasion ne tarderait pas à se présenter de faire « basculer » le camp russe contre les Alliés occidentaux. La conférence du 22 avril vit s'effondrer tous ces mirages péniblement échafaudés et de moins en moins convaincants.

Cette conférence dramatique, qui se tenait comme de coutume au bunker, débuta peu après 3 heures de l'après-midi ; compte tenu des allées et venues constantes, elle se prolongea jusqu'à 8 heures du soir environ. Au début, Hitler était encore relativement calme ; il accueillit avec un stoïcisme apparent un communiqué signalant que les forces soviétiques avaient réussi une percée dans le secteur nord du front de l'Oder. Ensuite, l'officier chargé du rapport annonça successivement que, au sud, l'ennemi avait pris Zossen et poursuivait son avance en direction de Stahnsdorf, que, à la limite nord de la ville, il se trouvait entre Frohnau et Pankow, et que, à l'est, il avait atteint une ligne Lichtenberg — Mahlsdorf — Karlshorst. Dans le silence qui s'ensuivit, Hitler demanda ce que faisait le groupe Steiner. Après quelques indications aussi vagues que contradictoires, Krebs fut contraint de reconnaître que l'offensive « décisive » de Steiner n'avait même pas commencé. Après un moment de stupeur totale, la tempête éclata.

Ce fut une explosion de rage sans précédent, comme aucun de ses proches n'en avait jamais vu. Hitler jaillit de son fauteuil, jeta rageusement sur la table les crayons de couleur dont il ne se séparait jamais pendant les conférences, et se mit à hurler. Sa voix, rauque et éteinte depuis des semaines, retrouva comme par miracle sa vigueur passée. Crachant littéralement les mots, il prononça une sorte de réquisitoire global contre le monde entier, contre la lâcheté, l'infamie et la déloyauté générales. Il couvrit d'opprobre les généraux dont il avait dû affronter la résistance opiniâtre, insulta les traîtres, les lâches et les ratés qui l'entouraient depuis des années. Tandis que tous les assistants demeuraient pétrifiés, il les écarta avec des gestes brusques et se mit à aller et venir d'un pas chancelant dans la pièce exiguë. Il essaya à plusieurs reprises de se contrôler, mais toujours la colère avait le dessus. Hors de lui, il frappait du poing sa paume ouverte, tandis que les larmes ruisselaient sur ses joues. Dans de telles circonstances, répéta-t-il à plusieurs reprises, il ne pouvait plus diriger le pays, ses ordres tombaient dans l'oreille de sourds, il était à bout de ressources. « La guerre est perdue ! s'écria-t-il, mais si vous vous imaginez, messieurs, que j'abandonnerai Berlin, vous vous trompez lourdement. Je préférerais me tirer une balle dans la tête ! » A ce moment, Jodl fut appelé au téléphone. Hitler en profita pour renvoyer tous les participants, à l'exception de Keitel, Krebs et Burgdorf.

Alertés par le vacarme, les résidents du bunker s'étaient entassés devant la salle de conférences, emplissant le couloir jusqu'au pied de l'escalier. Ils étaient toujours là, échangeant leurs impressions à voix basse ou retombant dans un silence soucieux lorsque l'éclatement d'un obus à proximité faisait trembler les murs, quand Hitler sortit brusquement de la salle et se fraya un chemin jusqu'à son appartement privé — sans regarder quiconque, courbé et très pâle, selon les dires d'un témoin oculaire. La confusion était totale. Bormann, visiblement consterné, allait de l'un à l'autre en répétant : « Il est impossible que le Führer ait dit cela sérieusement, qu'il allait se tuer ! » Tandis que Keitel, qui était apparemment d'un autre avis, les exhortait : « Venez, il faut l'en empêcher ! »

Lorsque la tempête se fut apaisée, Hitler, ayant retrouvé son calme, voulut s'entretenir en tête à tête avec quelques-uns des participants à la conférence : Keitel, Dönitz, Krebs et Burgdorf, ainsi que Hermann Fegelein. Vers 5 heures du matin, il fit appeler Goebbels, auquel Bormann eut le temps de demander de tout faire pour convaincre Hitler de se retirer dans sa forteresse alpine. Goebbels fit comme s'il n'avait pas entendu cette requête digne d'un membre du GPU. Il semble même probable que sa proposition d'accompagner le Führer dans la mort décida finalement Hitler, qui était toujours indécis, à rester à Berlin. Toujours est-il que, aussitôt après cette entrevue, Goebbels alla dans le bureau situé en face pour dire à Frau Junge, la secrétaire, que sa femme et ses six enfants viendraient s'installer au bunker le jour même. Sur un ton plus impassible que celui qu'il utilisait pour proférer ses slogans de victoire, il donna ensuite des instructions précises : chaque enfant ne devait amener qu'un seul jouet et un minimum de vêtements de nuit, car, précisa-t-il froidement, ils « ne seraient plus nécessaires ». Quelque temps après, Hitler, qui avait apparemment retrouvé son calme, regagna la salle de conférences. La fin était proche, déclara-t-il, il avait perdu tout espoir. Presque tous ceux qui étaient présents se récrièrent, se référant aux nombreuses unités encore disponibles — l'armée de Wenck qui faisait déjà route vers la capitale, les formations de Busse, et surtout le groupe d'armées commandé par le fidèle maréchal Ferdinand Schörner qui était engagé dans la région de Dresde... Hitler rétorqua avec un haussement d'épaules : « Faites commme il vous plaira ! Je ne donne plus aucun ordre. »

Au terme d'un assez long silence, Hitler ajouta qu'il attendrait la mort dans la capitale du Reich, qu'il refusait de se laisser traîner d'un endroit à l'autre ; il avait déjà eu tort de quitter le quartier général de Rastenburg, en Prusse orientale. Il repoussa toutes les objections ; une tentative téléphonique de Himmler pour le faire revenir sur sa décision resta elle aussi sans effet ; de même, Ribbentrop essaya de le raisonner, mais Hitler ne voulut même pas l'écouter. Contrairement à sa première intention, il ne ferait pas face aux Russes les armes à la main, ne serait-ce que pour éviter de tomber aux mains de l'ennemi s'il était blessé — sans compter qu'il n'était physiquement plus en état de combattre. Entraîné par le pathos de son propre discours, il déclara avec emphase qu'il tomberait sur les marches de la chancellerie ; cette formule aussi dramatique que sacrilège lui plut tant qu'il la répéta à plusieurs reprises. Comme pour s'interdire tout retour en arrière, il dicta aussitôt une résolution aux termes de laquelle il resterait à Berlin et dirigerait en personne la défense de la ville.

Cela fait, il se retira de nouveau dans son cabinet de travail en compagnie de Keitel, Jodl et Goebbels. Un moment plus tard, il fit appeler son aide de camp Julius Schaub et le chargea de monter dans les jardins le contenu de la malle qui se trouvait au pied de son lit ainsi que tous ses autres documents personnels, et de brûler le tout. Eu égard aux nouvelles alarmantes concernant l'avance des forces soviétiques qui s'apprêtaient à attaquer le centre de Berlin, il nomma le Brigadeführer (général de brigade) SS Wilhelm Mohnke (porteur des plus hautes décorations, Mohnke faisait partie de la Leibstandarte (garde personnelle) depuis 1933) commandant du périmètre défensif intérieur, baptisé « Citadelle ». Placé sous l'autorité directe du Führer, Mohnke avait donc sous ses ordres les quarante mille SS environ cantonnés dans la capitale, ainsi que quelques petites unités des trois armes de la Wehrmacht et des Jeunesses hitlériennes. Ce problème réglé, Hitler ordonna à Keitel et à Jodl de gagner Berchtesgaden avec leurs états-majors et d'y prendre, de concert avec Göring, toutes les mesures qui s'imposeraient. Lorsque quelqu'un fit observer qu'aucun soldat n'accepterait de se battre sous les ordres du maréchal Göring, Hitler répliqua : « Qui parle de se battre ! Il n'y a plus guère de combats à livrer, et s'il s'agit de négocier, le Reichsmarshall sait le faire mieux que moi. »

Tandis que les autres se taisaient, exténués et désemparés, le maréchal Keitel fit une ultime tentative de convaincre Hitler de revenir sur sa décision. Pour la première fois, affirma-t-il, il ne pouvait obéir à un ordre du Führer : il se refusait à aller à Berchtesgaden. Hitler se contenta de répondre qu'il ne « quitterai[t] jamais [Berlin]. Jamais ! ». Comme Keitel insistait, les deux hommes échangèrent des propos assez vifs ; Hitler mit fin à cette brève altercation en déclarant qu'il se refusait à écouter plus longtemps les propos du maréchal. Lorsque Keitel ajouta néanmoins que le Führer ne pouvait pas abandonner la Wehrmacht de la sorte, Hitler, outré, lui intima de sortir. Avant de franchir le seuil, Keitel se tourna vers Jodl pour lui dire à mi-voix : « C'est l'effondrement final ! »

Au cours de la même nuit, Keitel se rendit au QG de campagne de la 12e armée, installé dans une maison forestière de Wiesenburg, à une soixantaine de kilomètres à l'est de Magdebourg. Dès qu'il aperçut le chef de l'OKW (haut commandement de la Wehrmacht), Wenck vit se confirmer toutes ses préventions contre l'officier d'état-major. En effet, Keitel était arrivé en grande tenue, et avec une nombreuse suite. Aussitôt après avoir salué en levant son bâton de maréchal, Keitel en vint au fait : « Libérez Berlin ! Faites demi-tour avec toutes les forces disponibles ! Effectuez votre jonction avec la 9e armée. Tirez le Führer de là ! Le salut de l'Allemagne est entre vos mains, Wenck ! »

Parfaitement conscient que toute contradiction serait une pure perte de temps, Wenck se contenta de réagir aux instructions du Generalfeldmarshall en disant qu'il ferait naturellement tout ce qu'il ordonnait. Pourtant, dès que Keitel fut reparti vers 3 heures du matin, il réunit ses officiers et leur annonça que, contrairement aux ordres reçus, il n'était pas question de se frayer un chemin jusqu'à Berlin par la force des armes ; par contre, il fallait tenter de se rapprocher le plus possible de la 9e armée, l'objectif principal étant d'ouvrir un long couloir permettant de se replier vers l'ouest. En ce qui concernait Hitler, il fit simplement observer que « le destin d'un seul homme n'avait plus aucune importance ».

La nouvelle du déroulement consternant de la conférence du 22 avril se répandit rapidement. Hewel en informa Ribbentrop, Jodl en parla au général Koller, le général Christian en avisa le Reichsmarshall Göring qui était entre-temps arrivé à Berchtesgaden, et Fegelein se mit en relation avec Heinrich Himmler qui avait transféré son quartier général à Hohenlychen, non loin de Berlin. Le Reichsmarshall-SS, qui s'apprêtait depuis longtemps à participer à la lutte pour le pouvoir et à briguer la succession de Hitler, estima que le moment décisif était arrivé. En effet, il ressortait en dernière analyse du rapport de Fegelein que le « Führer » avait abdiqué. En dépit de toute l'insistance de son conseiller, Himmler, fonctionnaire servile dans l'âme, hésitait encore à rendre publique sa revendication, d'autant plus que son prestige auprès de Hitler avait considérablement baissé. Il trouva néanmoins le courage de prendre contact avec diverses personnalités pour connaître leur sentiment sur une éventuelle rencontre avec le général Eisenhower. Il fit savoir qu'il s'efforcerait de convaincre le commandant en chef américain que lui-même et ses SS pourraient se rendre utiles ; il voulait obtenir non seulement un cessez-le-feu à l'ouest, mais surtout des armes en vue du combat imminent contre l'Armée rouge : « Dans ces conditions, je finirai par y arriver », expliqua-t-il à son entourage, tout en se demandant quelle forme de salutation serait la plus appropriée lorsqu'il rencontrerait Eisenhower : une courbette ou une poignée de main ? Conscient de la spectaculaire lutte pour le pouvoir qu'il entamait, il ajouta avec un mépris à peine déguisé : « A Berlin, ils sont tous devenus fous ! » Il ne réalisait pas qu'il en allait de même à Hohenlychen.

4

Ultimes résolutions

Dans la capitale, la situation était plus que jamais chaotique. Chaque matin, des commandos assemblés à la hâte renforçaient les barrages routiers, creusaient des tranchées antichars ou construisaient des abris de fortune avec des planches et du mortier. Aux portes de la ville, de nombreux panneaux annonçaient : « Il est interdit aux réfugiés de séjourner dans la capitale du Reich. » Pourtant, dans toutes les rues non barricadées, c'était un incessant défilé de piétons, de véhicules tirés par des chevaux et de charrettes à bras ; souvent, les fugitifs poussaient devant eux du bétail, et il n'était pas rare qu'ils pénètrent par mégarde dans la zone des combats. Les gares étaient congestionnées. D'innombrables trains de marchandises chargés de ravitaillement, de renforts ou de blessés restaient bloqués sur les voies. Maintenant que les forces soviétiques approchaient de la capitale, les bombardements avaient cessé, mais la lueur des incendies continuait de rougeoyer, et une pluie incessante de poussière et de cendres couvrait les façades, les arbres et les hommes d'une fine poussière blanchâtre. Les avions de chasse soviétiques survolaient constamment la ville à basse altitude. Le hurlement lugubre des sirènes, qui ne s'était pratiquement pas tu depuis des semaines, signalait maintenant, par un ton aigu et continu, l'« alerte aux blindés ». Partout, des véhicules militaires de toute sorte, incendiés ou à court de carburant, étaient abandonnés. Depuis quelque temps, aucun quartier de la ville n'était à l'abri des tirs de l'artillerie soviétique qui encerclait la ville ; parfois, elle détruisait des rues entières, maison par maison, pour préparer le chemin à l'infanterie. Selon certains témoignages, les ruines elles-mêmes recommençaient à brûler.

Chaque jour, de nouveaux ateliers, usines ou établissements d'utilité publique fermaient leurs portes. Les coupures d'eau et d'électricité duraient fréquemment des heures ; depuis le 22 avril, l'utilisation de réchauds électriques était passible de la peine de mort. D'un bout à l'autre de Berlin, il régnait une puanteur intolérable, mélange d'asphalte fondu et d'ordures de toute sorte, sans compter l'odeur omniprésente de la chair brûlée. En particulier dans les quartiers du centre, les gens restaient des jours entiers sans pouvoir sortir des abris ou des tunnels du métro. Quelques courageux qui tentaient une sortie se protégaient le visage contre les vapeurs corrosives des incendies et des bombes au phosphore avec des tissus humides. La survie la plus élémentaire exigeait une lutte de tous les instants. Les derniers journaux et les proclamations affichées sur les murs et les colonnes Morris contenaient un sinistre mélange de discours triomphaux et de menaces, assorti de conseils pour le moins étranges sur la conduite à adopter pour faire face aux mille difficultés du quotidien. Afin d'« améliorer l'apport en protéines », il était notamment conseillé aux Berlinois d'aller à la pêche aux grenouilles dans les nombreux lacs et étangs de la capitale ; la meilleure façon de procéder, était-il précisé, consistait à « tirer dans les eaux peu profondes du rivage des bouts de tissu aux couleurs vives ».

Les habitants comme les combattants manquaient de tout. Les unités de la « levée populaire » se rendant aux points de rassemblement désignés étaient ensuite transportés vers le front dans des autobus et des tramways, dans la mesure où ceux-ci étaient encore en état de marche. Les Russes s'étant emparés très tôt de trois grands dépôts d'armes et de munitions situés aux abords de la ville, et le matériel des dépôts de Grunewald et du Tiergarten (zoo) ne pouvant être acheminés faute de moyens de transport, une bonne partie des recrues partaient pour la zone des combats armés en tout et pour tout d'un brassard et de l'ordre de prendre les armes des morts et des blessés. Faisant fi de cette pénurie, Hitler avait récemment ordonné la mobilisation de la classe 1929 qui devrait faire face à l'ennemi avec des armes qui n'existaient pas.

Conscients de l'imminence de la défaite, les responsables du régime donnèrent libre cours à leur désir de vengeance, longtemps camouflé sous une apparence de justice. Depuis la grande vague d'arrestations qui avait suivi l'attentat du 20 juillet 1944, les prisons étaient plus que jamais surpeuplées. Au cours de la première quinzaine d'avril, Himmler avait décrété qu'aucun détenu politique ne devait survivre, mettant ainsi en marche la machine de mort dans toutes les zones encore tenues par ses unités de SS. A l'approche de l'avant-garde soviétique, la prison de la Lehrter Strasse fut entièrement vidée. Quelques auteurs de délits mineurs furent libérés ; les autres reçurent l'assurance qu'ils seraient relâchés après quelques formalités au palais du prince Albert où se trouvait le siège de la Gestapo. Vers 1 heure du matin, les détenus se mirent en marche, surveillés par une escorte de SS armés. Soi-disant pour prendre un raccourci, ils les firent passer par un champ de ruines où, sur un ordre convenu, les prisonniers furent tous abattus d'une balle dans la nuque. Parmi les victimes figuraient notamment Klaus Bonhoeffer, Rüdiger Schleicher, Friedrich Justus Perels et Albrecht Haushofer.

Sur ces entrefaites, les rapports de la Wehrmacht concernant le moral des troupes faisaient état d'une démoralisation croissante et de la tendance contagieuse à échanger des conseils sur les meilleurs moyens de mettre fin à sa vie. L'auxiliaire de DCA Inge Dombrowski, pouvait-on lire par exemple, avait demandé au commandant de sa compagnie de la tuer d'un coup de pistolet. Après de longues et douloureuses hésitations, le jeune lieutenant avait accédé à sa requête avant de se donner lui-même la mort. Les rumeurs concernant la grande offensive préparée de longue date par le « Führer » s'étaient atténuées ; en revanche, il était de nouveau question de l'armée de Wenck qui, massée aux abords de Potsdam, s'apprêterait à porter un coup mortel à l'ennemi. Une autre rumeur voulait que, sur l'autre rive de l'Elbe, les

Américains aient assemblé des forces aéroportées afin de soutenir la Wehrmacht contre l'Armée rouge. Mais ces efforts par trop transparents de la propagande du régime ne trouvaient plus guère de crédit. Le fatalisme caustique qui avait permis au peuple berlinois de surmonter tant de crises depuis des générations réagissait à la catastrophe imminente en adoptant le refrain d'une chanson à succès qui disait : « Ce n'est pas la fin du monde... » Les voisins sifflotaient la mélodie quand ils se rencontraient dans la rue. Cela finit par devenir une sorte de signe de ralliement, de même que la formule couramment utilisée en guise d'adieu : « Survivez ! »

Les manifestations de cette décomposition généralisée n'épargnaient pas l'entourage immédiat de Hitler. Le 23 avril en début de soirée, Albert Speer, empli de « sentiments contradictoires », se rendit à Berlin pour prendre congé de Hitler. Dès son arrivée dans le bunker, il observa un certain relâchement de la discipline ; bien que mineurs, ces faits lui parurent symptomatiques. Certains fumaient dans les antichambres, des bouteilles vides traînaient un peu partout. Quand Hitler entrait dans une pièce ou passait dans un couloir, rares étaient ceux qui se levaient, et la plupart poursuivaient leur conversation comme si de rien n'était.

Hitler lui-même paraissait étrangement calme et mélancolique, et parlait de la mort comme d'une délivrance. Lorsque Speer finit par lui avouer que, depuis des mois, il s'opposait activement à ses ordres de destruction, Hitler, contre toute attente, ne se mit pas en colère. Depuis le début de leur entrevue, il semblait poursuivre des pensées lointaines, tandis que ses yeux s'emplissaient de larmes, ce qui lui arrivait de plus en plus souvent. Quelques heures plus tard, regrettant peut-être d'avoir trahi ses émotions les plus intimes, il prit congé de son visiteur de la dernière heure avec une indifférence presque blessante, se souvient Speer, à croire qu'ils ne faisaient plus partie du même monde. Après être sorti du bunker, alors qu'il traversait les salles dévastées de la nouvelle chancellerie, ce « premier témoignage architectural du Grand Empire allemand » qu'il avait dessiné six ans auparavant, Speer réalisa involontairement que sa vie aurait connu une fin bien plus appropriée, plus digne peut-être si, comme il s'y était d'abord attendu, Hitler avait fait venir un peloton d'exécution pour le fusiller.

Rien ne pouvait montrer plus clairement que Speer faisait toujours partie de ce monde-là. Il partageait en effet le mode de pensée de Hitler lui-même, de Goebbels, ainsi que des Krebs, Burgdorf et autres Mohnke, sans compter les centuries de la « Leibstandarte Adolf Hitler » et tant d'autres soldats prêts à tout pour défendre Berlin encerclée. Tous finissaient par considérer la vie humaine dépourvue de valeur. L'historien britannique A.J.P. Taylor a qualifié de « grand mystère » le fait que tant d'Allemands eussent poursuivi « au-delà de la douzième heure » un combat absurde sur les ruines d'un Reich d'ores et déjà défunt. Etant donné que les Allemands eux-mêmes ont perdu la mémoire, ajoutait-il sarcastiquement, ce mystère ne sera sans doute jamais éclairci.

Il ne faut pas croire que les combattants du périmètre défensif intérieur allaient à la mort avec désespoir, ou simplement par obéissance. Au contraire, il ne semble guère douteux qu'un bon nombre d'entre eux aient trouvé une sorte d'étrange compensation dans les combats chaotiques des derniers jours. Ce qui, déraisonnablement, justifiait à leurs yeux cette résistance acharnée, ce n'était pas seulement l'idée profondément ancrée que tout ce qui est réellement grand ici-bas n'est authentifié que par la mort et la chute. En tout premier lieu, ils se considéraient comme des protagonistes actifs de ce dernier acte d'une tragédie historique ; or, des tragédies mondiales d'une telle ampleur, leur avait-on inculqué, donnaient une signification supérieure aux actes apparemment les plus vains et les plus insensés. L'engouement pour les causes perdues était depuis longtemps une caractéristique d'une partie au moins de la pensée allemande. Une longue tradition philosophique, proclamant par le biais de théories embrouillées « la vocation historique des Allemands à l'extrémisme » ainsi qu'un « pessimisme héroïque » qui était tout particulièrement l'héritage des peuples germaniques, tradition relayée (et ô combien simplifiée) par une abondante littérature de vulgarisation, se trouvait maintenant confrontée à l'épreuve décisive. Même la formule de Heidegger, « le courage d'avoir peur du néant », pouvait contribuer à justifier cette résistance extrême.

Beaucoup de ceux qui participaient aux combats sauvages et meurtriers qui se déroulaient dans les ruines et les caves de la ville à l'agonie y trouvaient une satisfaction sans égale, presque une délivrance. « Un élan, une lucidité comme nous n'en avions jamais connus, se souvient un officier allemand. Notre combat était caractérisé par une dureté indescriptible, par la foi en la victoire, pour laquelle nous étions prêts à donner notre vie... Si Joukov s'emparait de la ville, il le paierait cher, même si nous ne pouvions lui opposer que des pistolets. »

A cela il faut ajouter, du moins dans les unités d'élite (pas seulement celles de la SS), une conviction idéologique doublée d'une foi absolue en Hitler et en la « mission » de celui-ci. Tous s'attendaient à faire face, tôt ou tard, à une situation désespérée. La seule idée de vivre une époque de « mondes qui s'embrasent », avec une issue inéluctablement tragique, faisait en quelque sorte partie de leur équipement idéologique de base. Depuis la prise du pouvoir, le régime n'avait cessé de raviver l'enthousiasme des foules grâce à une succession de crises délibérément provoquées et de paris risqués, à commencer par les « opérations coup-de-poing » décidées par Hitler au cours des années 30. Le dictateur et ses acolytes n'avaient cependant trouvé leur véritable mesure qu'avec les messes funèbres organisées en grande pompe pendant la guerre ; la défaite de Stalingrad, par exemple, fut célébrée avec une sorte de jubilation nihiliste par Göring dans un discours où il était question d'un « hall des Nibelungen empli de feu et de sang », sans oublier par la suite l'appel de Goebbels à la guerre totale « avec un déchaînement d'enthousiasme effréné ». Jamais les maîtres du pays n'exprimaient autant leur nature profonde que quand ils invoquaient des abîmes réels ou imaginaires.

Enfin, il faut mentionner le choc de la réalité et la désillusion croissante qui s'emparait de la population. Année après année, et jusqu'aux toutes dernières semaines, la propagande terriblement efficace du régime avait trompé la population, lui cachant la réalité de la guerre, allant jusqu'à expliquer les plus lourdes défaites comme de simples pièges dans lesquels ne manquerait pas de tomber un ennemi dont la supériorité était uniquement numérique. Soudain, ce complexe système de mensonge et d'illusion s'effondrait. Comme toujours lorsque le voile se déchire et que la réalité réaffirme ses droits, le mépris de la vie et la propension au suicide reprenaient le dessus. Cette tendance était renforcée par la terreur qu'inspirait une Armée rouge assoiffée de vengeance, terreur liée à la notion déjà ancienne de l'« Est barbare » et aux sombres soupçons concernant les exactions commises par les forces allemandes pendant la campagne de Russie ; ces visions apocalyptiques étaient soigneusement entretenues par la propagande officielle, à grand renfort de proclamations et de campagnes d'affichage.

L'instigateur et en même temps le prisonnier de cette politique de tension nerveuse était bien entendu Hitler lui-même. L'on a souvent l'impression que ces « acrobaties sur le fil du rasoir » étaient devenues pour lui une véritable drogue. Les victoires sans doute trop rapides sur la Pologne, la Norvège et la France au début de la guerre ne lui avaient apporté qu'une satisfaction éphémère. Il est fort possible que la décision d'attaquer l'Union soviétique, prise lors de la conquête triomphale de la France, lui ait été dictée, toute autre considération mise à part, par son goût du jeu et par la volonté de lancer un ultime défi au destin. Maintenant, il avait en quelque sorte atteint son but ; les mêmes motivations se retrouvent en effet pendant les dernières conférences de la fin du mois d'avril, lorsqu'il réitéra à maintes reprises, encore qu'avec des justifications différentes, sa décision « irrévocable » — contrairement à son intention primitive — de ne pas quitter Berlin et d'attendre la mort à la chancellerie.

En dépit, ou précisément à cause, des nouvelles catastrophiques qui se succédaient sans cesse, Hitler ressentait un étrange et confus assouvissement : le sentiment euphorique de se retrouver une dernière fois le dos au mur. Au cours d'une des conférences du bunker, Hitler parla avec une exaltation à peine dissimulée d'une « fin honorable » qui était selon lui préférable à la perspective de « continuer à vivre quelques mois ou années dans la honte et le déshonneur ». A d'autres occasions, il qualifia le quartier gouvernemental encerclé d'un « ultime îlot » de défense « héroïque », ou encore assura aux officiers et dignitaires réunis autour de la table des cartes que « tomber au combat pour défendre la capitale du Reich n'était pas une mauvaise façon de terminer sa vie ». La gamme entière des émotions, allant de la folie des grandeurs au délire obsessionnel, de la révolte à la résignation, se déploie dans une série de déclarations faites par Hitler lors de la conférence du 25 avril 1945 :

« A mes yeux, il ne fait aucun doute que la bataille a atteint ici [à Berlin] son point culminant. S'il est vraiment exact qu'à San Francisco des divergences apparaissent entre les Alliés — et ce sera le cas —, un véritable tournant ne pourra se produire que si je porte un coup au colosse bolchevique... Alors, les autres finiront peut-être par être convaincus qu'une seule entité possède la capacité de contenir le colosse bolchevique : moi, et le parti, et l'Etat allemand actuel. »

Un peu plus tard, il ajouta : « Si le destin en décide autrement, je disparaîtrai de la scène de l'histoire mondiale, obscur fugitif déshonoré. Je suis convaincu qu'il serait mille fois plus méprisable de mettre fin à mes jours à l'Obersalzberg que de rester ici et d'y trouver la mort — Que personne ne puisse dire, Vous, le Führer...

« Je suis le Führer tant que je suis capable de diriger. Je ne peux pas diriger en m'installant sur je ne sais quelle montagne... Pour moi personnellement, il est tout simplement intolérable de faire fusiller d'autres personnes pour des choses que je fais moi-même. Je ne suis pas venu au monde rien que pour défendre un Berghof. »

La raison pour laquelle il était venu au monde, et avait de surcroît été chargé d'une « mission historique », Hitler l'explique dans un examen rétrospectif de sa carrière, qui constitue en fait son ultime testament politique. Selon les témoignages de plusieurs membres de son entourage immédiat, Hitler avait passé au bunker de nombreuses soirées en février 1945, et de nouveau une soirée courant avril, en compagnie de Goebbels et de Ley, auxquels le ministre de l'Economie Walther Funk était parfois convié de se joindre. Lors de ces réunions en petit cercle, Hitler avait, au fil d'interminables mono-

1. Les ultimes réserves : un adolescent d'une quinzaine d'années et un soldat ayant dépassé l'âge du service depuis longtemps dans les rues de Berlin. Ils étaient censés bloquer l'offensive des unités d'élite soviétiques. © *Süddeutscher Verlag Bilderdienst.*

2. Le 20 avril 1945, à l'occasion de son cinquante-sixième anniversaire, Hitler passa en revue un détachement des Jeunesses hitlériennes cantonné à Berlin. Il serra des mains, remit quelques décorations, puis termina sa brève allocution en s'écriant d'une voix faible, couverte par le grondement de l'artillerie : « Heil euch ! » (« Salut à vous ! ») Personne ne répondit. © *Keystone Hamburg.*

4. Le général SS Hermann Fegelein (*au milieu*) avait été qualifié par Albert Speer et beaucoup d'autres d'« homme totalement corrompu ». Coureur de jupons invétéré et arriviste sans scrupules, il réussit à se faire une place dans l'entourage immédiat de Hitler. Au cours de l'été 1944, il épousa Margarete Braun, la sœur d'Eva, ce qui n'empêcha pas Hitler de le faire exécuter le 29 avril 1945. La photographie montre Fegelein en compagnie de Margarete et Eva Braun. © *Süddeutscher Verlag Bilderdienst.*

3. Sans doute la dernière photo de Hitler, prise fin avril devant une porte de la Chancellerie en ruine ; à ses côtés, son fidèle aide de camp SS Julius Schaub. © *Süddeutscher Verlag Bilderdienst.*

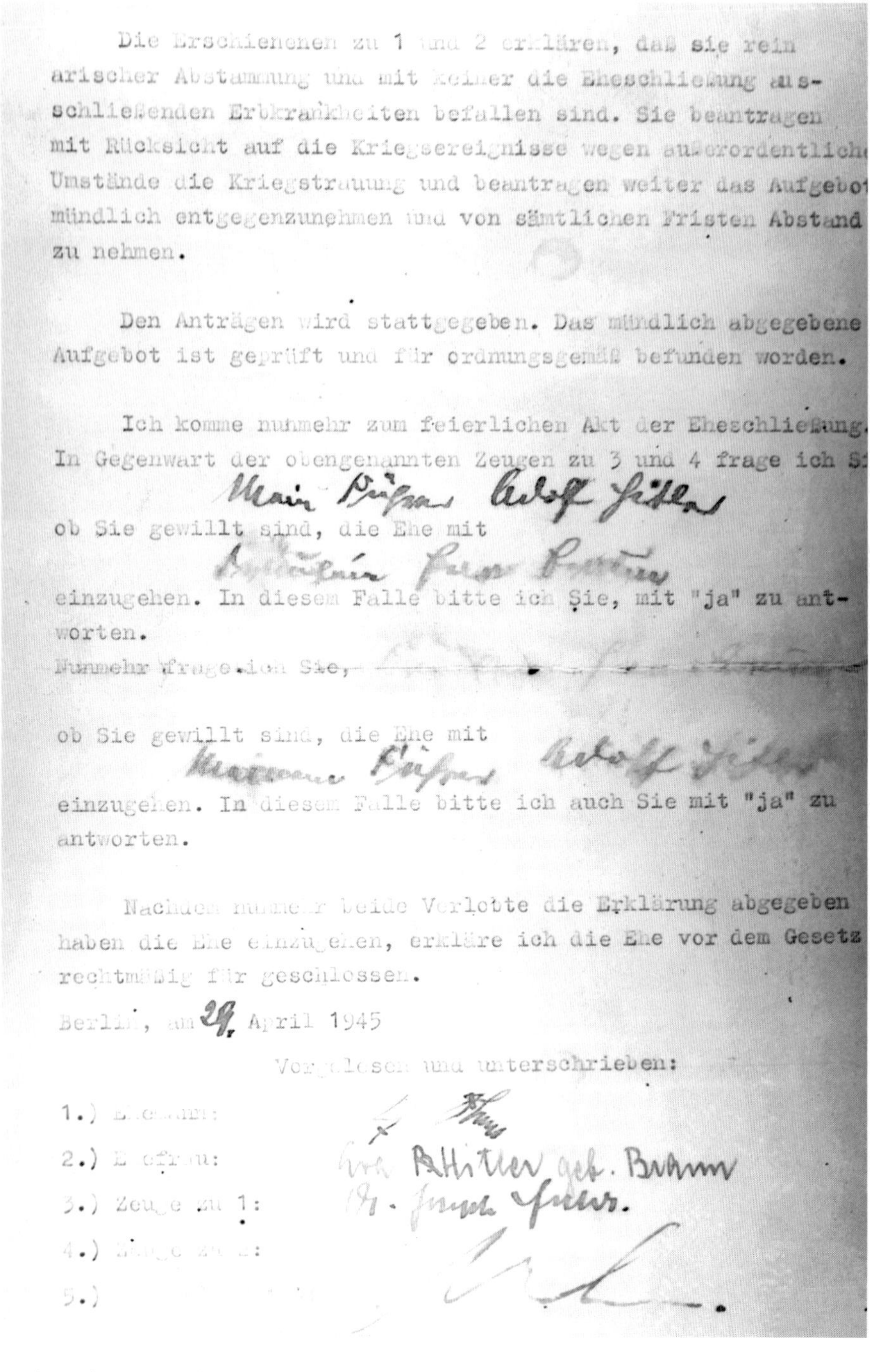

Die Erschienenen zu 1 und 2 erklären, daß sie rein arischer Abstammung und mit keiner die Eheschließung ausschließenden Erbkrankheiten befallen sind. Sie beantragen mit Rücksicht auf die Kriegsereignisse wegen außerordentlicher Umstände die Kriegstrauung und beantragen weiter das Aufgebot mündlich entgegenzunehmen und von sämtlichen Fristen Abstand zu nehmen.

Den Anträgen wird stattgegeben. Das mündlich abgegebene Aufgebot ist geprüft und für ordnungsgemäß befunden worden.

Ich komme nunmehr zum feierlichen Akt der Eheschließung. In Gegenwart der obengenannten Zeugen zu 3 und 4 frage ich Sie

Mein Führer Adolf Hitler

ob Sie gewillt sind, die Ehe mit

Fräulein Eva Braun

einzugehen. In diesem Falle bitte ich Sie, mit "ja" zu antworten.

Nunmehr frage ich Sie,

ob Sie gewillt sind, die Ehe mit

Meinem Führer Adolf Hitler

einzugehen. In diesem Falle bitte ich auch Sie mit "ja" zu antworten.

Nachdem nunmehr beide Verlobte die Erklärung abgegeben haben die Ehe einzugehen, erkläre ich die Ehe vor dem Gesetz rechtmäßig für geschlossen.

Berlin, am 29. April 1945

Vorgelesen und unterschrieben:

1.) Ehemann:

2.) Ehefrau: Eva B Hitler geb. Braun

3.) Zeuge zu 1:

4.) Zeuge zu 2:

5.)

5. L'acte de mariage de Hitler, avec les signatures des époux et l'erreur (raturée) d'Eva Braun, qui avait commencé par écrire son nom de jeune fille. © *Süddeutscher Verlag Bilderdienst.*

6. La photo officielle de la prise du Reichstag (il s'agissait en fait d'une reconstitution), sur lequel est hissé le drapeau soviétique ; elle est due au célèbre photographe Evgueni Chaldeï. © *Keystone Hamburg.*

7. Le régime fit tout pour que sa chute entraîne celle du pays entier. Ce soldat est tombé devant l'aile est de la Chancellerie, début mai 1945. © *Ullstein Bild Berlin.*

8. Joseph et Magda Goebbels avec leurs six enfants que Magda devait tuer dans le bunker. A gauche, son fils issu d'un premier mariage, Harald Quandt. Fait prisonnier avant la fin de la guerre, ce dernier survécut. © *Ullstein Bild Berlin.*

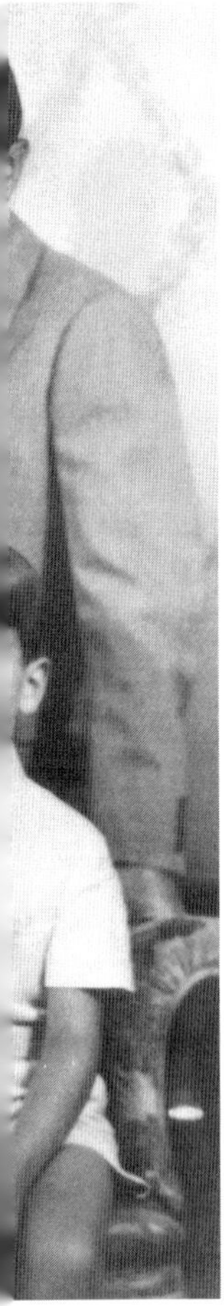

9. Un des nombreux cadavres trouvés aux environs de la Chancellerie ; les autorités soviétiques le présentèrent comme étant celui de Hitler. En réalité, la dépouille du dictateur avait été brûlée le 30 avril. © *DPA.*

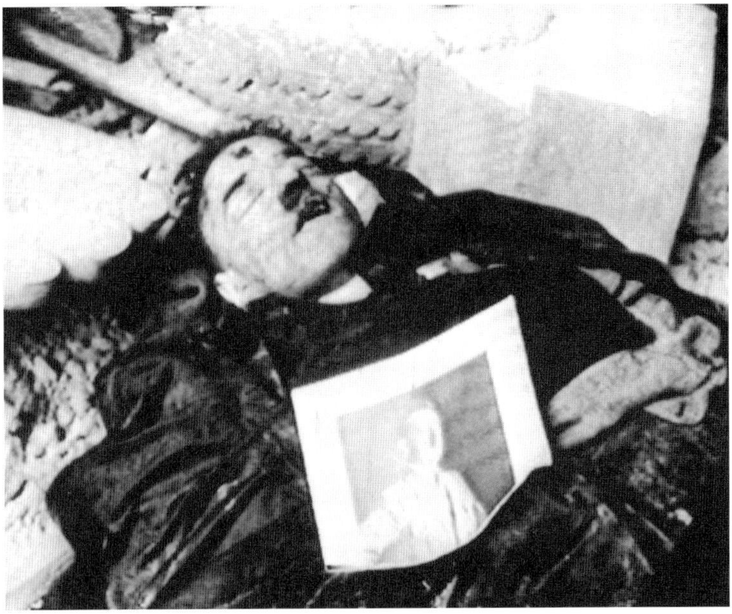

10. Prise de guerre : un soldat de l'Armée rouge avec une tête de Hitler en bronze, début mai 1945. © *Süddeutscher Verlag Bilderdienst.*

logues, fait une sorte d'inventaire de sa vie, examinant non seulement les prémisses de sa politique et les circonstances favorables dont celle-ci avait bénéficié, mais aussi les erreurs et les fautes que lui-même avait commises. Par la suite, l'un ou l'autre membre de ce petit cercle a tenté de donner une forme cohérente à ce torrent verbal confus et redondant. De ces « résumés », il ressort ce qui suit.

Au début de ces réflexions, Hitler mentionnait l'échec, qui continuait à lui peser, de son « idée royale » d'une alliance germano-britannique. Année après année, il avait courtisé l'Empire britannique, sans jamais perdre de vue l'intérêt commun des deux pays, à savoir éviter toute ingérence de la Russie comme des Etats-Unis dans les affaires de l'Ancien Monde. A cet égard, lui, Hitler, ne représentait rien moins que « la dernière chance de l'Europe ». Loin de reconnaître cette vérité, le monde entier s'était focalisé sur les aspects durs et cruels de cette politique. « Mais l'Europe, avait-il ajouté, ne peut pas être conquise par le charme et la force de persuasion. Pour la posséder, il faut lui faire violence. » Dans ce contexte, il était notamment indispensable de contraindre les puissances latines dépassées par l'Histoire qu'étaient la France et l'Italie à renoncer à une politique de grandeur qui n'était plus d'actualité.

Tout dépendait de l'Angleterre, expliquait-il, mais celle-ci, dirigée par des politiciens myopes et bornés, avait encore et toujours déçu son attente. Si seulement le destin, se lamentait-il en hochant la tête, avait donné à une Angleterre vieillissante et sclérosée « un deuxième

Pitt... au lieu de cet ivrogne enjuivé et à demi américain, Winston Churchill ! ». le royaume insulaire aurait pu consacrer toutes ses forces à la préservation et au bien de l'Empire britannique, tandis que l'Allemagne, assurée de ses arrières, aurait mené à bien sa grande mission — « l'objectif de ma vie entière et la cause première de la montée du national-socialisme : l'éradication du bolchevisme ».

Une guerre de conquêtes visant les territoires de l'Est était selon lui le principal objectif qui déterminait depuis longtemps la politique allemande. Renoncer à cet objectif serait infiniment pire que de courir le risque jamais entièrement évitable d'une défaite : « [Nous] étions condamnés à faire la guerre », disait-il pour conclure. Pour son malheur et celui de l'Allemagne, il avait été contraint de commencer cette guerre trop tard sur le plan militaire, et beaucoup trop tôt sur le plan psychologique — car le peuple allemand n'était absolument pas prêt pour le grand destin qui l'attendait : « Il m'aurait fallu vingt années pour faire mûrir une nouvelle vendange nationale-socialiste. » Il n'en avait pas eu le temps. Tout au long de l'Histoire, la grande tragédie de l'Allemagne avait été de « ne jamais avoir assez de temps ». Tout le reste découlait de ce seul fait, y compris le caractère instable des Allemands. Il avait fini par comprendre que c'était « son triste destin de diriger un peuple inconstant et influençable comme nul autre », un peuple aussi capricieux et insensible qui, dans le passé, n'avait cessé de « passer d'un extrême à l'autre », allant de pire en pire avec une étrange passivité.

Parallèlement, reconnaissait Hitler, il avait commis des erreurs et fait des concessions qu'aucune nécessité ne justifiait vraiment. En examinant les faits avec objectivité, il devait compter au nombre de ses grandes erreurs son amitié pour le Duce qui lui avait peut-être coûté la victoire finale. Sa fidélité à l'égard du maître de l'Italie l'avait empêché de mener en Afrique du Nord et dans l'ensemble du monde musulman une politique révolutionnaire, d'autant plus que Mussolini avait commis la faute grotesque de se faire proclamer « glaive de l'Islam » par des créatures payées et terrorisées. Dans le domaine militaire, son action aurait sans doute été encore plus fatale. L'entrée de l'Italie dans la guerre avait aussitôt permis à l'ennemi de remporter de premières victoires et lui avait redonné une confiance nouvelle en ses capacités. De surcroît, l'invasion « complètement imbécile » de la Grèce avait retardé de six semaines le début de l'offensive contre la Russie et était par conséquent à l'origine de la catastrophe hivernale aux portes de Moscou : « Tout aurait pu se passer autrement ! » soupirait-il. La raison lui dictait une « amitié brutale » envers l'Italie. Au lieu de cela, il avait à maintes reprises ménagé les sentiments de ce « bon allié » et cédé à ses souhaits.

D'une façon générale, avait fait observer Hitler en guise de conclusion, ce qui lui avait coûté une victoire assurée, c'était son manque de dureté. Il ne pouvait porter à son crédit que le fait d'avoir combattu les Juifs « à visage découvert » et d'avoir nettoyé « l'espace vital allemand du venin juif ». Pour tout le reste, il s'était montré trop irrésolu et avait manqué de fermeté : en n'éliminant pas impitoyablement les conservateurs allemands et en essayant de mener une politique révolutionnaire avec ces « politiciens de salon » ; en manquant l'occasion, en Espagne et en France, de libérer les travailleurs de l'emprise d'une « bourgeoisie fossilisée ». D'un bout à l'autre du monde, il aurait dû encourager la révolte des peuples colonisés ; en Egypte, en Irak, dans l'ensemble du Proche-Orient, « le monde islamique attendait fiévreusement nos victoires ». Comme il aurait été facile de soulever ces peuples : « Pensez aux possibilités qui s'offraient à nous ! » Et s'il devait finalement échouer, ce ne serait pas à cause de son extrémisme, mais au contraire à cause de sa pusillanimité, de son manque de détermination, de son incapacité à aller jusqu'au bout. Ce principe, il l'avait compris très tôt dans sa carrière, il l'avait proclamé des centaines de fois, mais il ne s'y était pas tenu avec suffisamment de fermeté. Or, « la vie ne pardonne aucune faiblesse ! ».

Comme en témoignent une fois encore les protocoles de la toute dernière conférence, qui eut lieu le 27 avril, Hitler s'est reproché cette défaillance jusqu'à la fin. A cette occasion, il expliqua que pendant le long processus de la prise du pouvoir, en août 1933, soit trois mois avant la mort de Hindenburg, il avait constamment été contraint de faire des compromis. Il aurait pu agir de manière bien plus radicale, déplorait-il, s'il n'avait pas été freiné par cette « clique », cette « racaille » du passé. Il aurait fallu en « éliminer des milliers ».

Une remarque que Goebbels fit alors est révélatrice des mobiles obscurs du régime hitlérien. A l'appui des arguments avancés par Hitler, il fit en effet observer combien il était regrettable que, lors de l'Anschluss de 1938, l'Autriche n'ait opposé aucune résistance sérieuse : « Nous aurions pu tout bousiller ! »

Comme si cette réflexion renforçait encore plus sa détermination, Hitler précisa qu'il restait notamment à Berlin afin de pouvoir en toute équité réprimer le moindre signe de faiblesse. Dans le même contexte, il expliqua ainsi la véritable raison de ses fréquents accès de désespoir : « Après coup, l'on regrette d'avoir été trop bon. »

5

Le banquet de la mort

L'après-midi du 23 avril, un télégramme envoyé de Berchtesgaden par Göring arriva au bunker. Le Reichsmarschall voulait savoir si la décision de Hitler de « rester jusqu'au bout dans la forteresse de Berlin » mettait en vigueur le décret du 29 juin 1941 aux termes duquel lui, Göring, devait assurer la succession du Führer, avec tous les pouvoirs que cela impliquait, dans l'éventualité où Hitler serait privé de sa liberté de mouvement et de sa capacité d'agir.

Göring n'avait pas agi à la légère. Avant de se décider à envoyer cette missive, il avait longuement réfléchi et s'était renseigné. Le général Koller, qu'il avait fait venir spécialement de Berlin, l'avait informé des derniers événements, et en particulier de ce qui se passait au bunker. Il avait notamment été avisé de la décision irrévocable de Hitler de rester dans la capitale, ainsi que de sa résolution de la veille, selon laquelle Keitel et Jodl devaient désormais, de concert avec le Reichsmarschall, prendre toutes les mesures qui s'imposaient. Cette nouvelle l'avait tellement alarmé qu'il avait convoqué ses principaux collaborateurs pour analyser la situation et mettre au point un programme d'action. Tous les participants à la réunion, y compris Hans-Heinrich Lammers, chef de la chancellerie du Reich ayant rang de ministre, estimèrent que ce fait nouveau posait effectivement la question de la succession. Le télégramme, rédigé après de nombreuses ébauches, était formulé sur un ton loyal, demandait une réponse avant 21 heures, et se terminait sur ces mots : « Que Dieu vous protège ! J'espère de tout cœur que vous finirez par quitter Berlin pour venir ici. »

Bien que Martin Bormann, depuis toujours adversaire déclaré de Göring, eût tout fait pour présenter le télégramme comme un ultimatum, Hitler conserva d'abord son calme. Mais quand arriva un second télégramme dans lequel le Reichsmarschall ordonnait au ministre des Affaires étrangères von Ribbentrop de se rendre « immédiatement » à Berchtesgaden dès que les conditions de la succession seraient réglées, Bormann réussit à éveiller la colère de Hitler.

Dans ses discours courroucés, Hitler disait en substance qu'un coup d'Etat se préparait. Goebbels ne tarda pas à intervenir, parlant d'honneur et de fidélité, de lutte et de mort. Ces grands mots cachaient en fait son indignation face à la tentative de Göring de s'emparer des vestiges d'un pouvoir qui, de son point de vue, lui revenait de droit. Les accusations et les calomnies se succédaient. Hitler, qui avait toujours utilisé ces moyens pour affermir son pouvoir, ne tarda pas à se mettre de la partie. Son irritation envers Göring, latente depuis des années, se donnait maintenant libre cours. De plus en plus en colère, il lui reprocha sa paresse et son incompétence, l'accusa d'avoir, par son exemple, rendue « possible la corruption dans notre Etat », le traita de « morphinomane », et, selon la déposition d'un témoin, se mit dans un tel état de surexcitation qu'il finit par pleurer « comme un enfant ».

Comme toujours, Hitler finit par retrouver un calme du moins apparent. Peu après, il parapha le texte d'une allocution radiodiffusée rédigée par Bormann. Göring y était accusé de haute trahison, crime passible de la peine de mort, comme nul ne l'ignorait. Hitler précisa cependant qu'il s'abstiendrait de l'appliquer si Göring démissionnait de toutes ses fonctions et renonçait à briguer la succession du Führer. Mais aussitôt après, par un de ces brusques changements d'humeur dont il était coutumier, Hitler retomba dans son apathie et déclara avec dédain que tout cela n'avait plus guère d'importance. « En ce qui me concerne, ajouta-t-il, Göring peut tranquillement conduire les négociations de capitulation. Si la guerre est perdue, peu importe qui s'en chargera. » Non sans raison, Göring devait plus tard se référer à cette remarque pour justifier son attitude. Mais dans le bruit et la fureur de ces dernières heures, ce genre de raisonnement ne pouvait s'imposer longtemps. Peu après, repris par la colère, Hitler ordonna au commandement SS de l'Obersalzberg d'arrêter Göring ainsi que les membres de son état-major et de les emmener à la caserne de la garnison SS de Salzbourg.

Le lendemain, pendant le rapport de la mi-journée, la nouvelle tomba : les armées de Joukov et de Koniev avaient effectué leur jonction au sud de Berlin, parachevant ainsi l'encerclement de la capitale. En début d'après-midi, quelques unités d'avant-garde des deux armées se trouvèrent face à face au niveau de la Kantstrasse, ce qui gênait leurs mouvements respectifs faute de coordination ; le problème fut réglé lorsqu'on avisa Koniev que la conquête du centre de la ville était destinée à son rival. Déjà, un front ininterrompu s'étendait de Zehlendorf à Neukölln, tandis qu'au nord, Tegel et Reinickendorf étaient tombés. Parallèlement, des forces soviétiques s'approchaient dangereusement des deux aéroports de la ville, Tempelhof et Gatow. Afin de maintenir un minimum de liaisons aériennes, Hitler fit transformer le majestueux axe Est-Ouest (inauguré en grande pompe quelques années auparavant) en piste d'atterrissage de fortune ; à cette fin, il fallut démonter les réverbères qui se dressaient des deux côtés de la prestigieuse avenue dessinée par l'architecte Speer.

Hitler expliqua que cette piste d'atterrissage était indispensable car il attendait encore cent cinquante hommes d'une unité d'élite de la Marine envoyés par Dönitz, ainsi qu'un bataillon de SS, « ultime réserve » promise par Himmler. Dans l'immédiat, ce qui lui importait plus que tout, c'était de pouvoir accueillir le général Ritter von Greim, commandant de la 6e flotte aérienne basée à Munich. Aucun argument ne put le faire renoncer à exiger que le général vienne en personne, car cela lui donnerait l'occasion d'échapper un moment à la grisaille perpétuelle du bunker pour le recevoir avec tout le cérémonial requis. Tandis que dehors, entre la chancellerie et la Pariser Platz, des équipes continuaient à percer des meurtrières dans les murs et à mettre en place des canons antichars, le bunker lui-même était de plus en plus souvent ébranlé par les tirs de l'artillerie soviétique.

Le lendemain, Ritter von Greim arriva à l'aéroport de Gatow aux commandes d'un chasseur monoplace Focke-Wulf 190, dont la soute à bagages avait été transformée pour accueillir le pilote Hanna Reitsch. Aussitôt arrivé, il apprit, en téléphonant au bunker, que toutes les voies d'accès jusqu'à l'Anhalter Bahnhof, gare située au sud de la chancellerie, ainsi qu'une partie de la Potsdamer Strasse étaient aux mains des Soviétiques. Hitler insista néanmoins pour le rencontrer en personne, sans toutefois donner de raisons.

Tout en sachant que les chances de réussite étaient minces, le général et Hanna Reitsch montèrent à bord d'un Fieseler Storch qui était garé sur la piste. Après un vol riche en émotions, le petit appareil, rasant les toits et secoué par les courants ascendants montant de la ville en feu, se posa sur l'axe Est-Ouest et s'arrêta juste devant la Porte de Brandebourg. Peu avant l'atterrissage, un obus de DCA avait perforé le fuselage et blessé von Greim à la jambe, assez gravement. Perdant beaucoup de sang, il fut transporté à la chancellerie où un médecin soigna et pansa la blessure. Peu de temps après, lorsque von Greim parvint au bunker sur un brancard porté par deux hommes, Hitler le salua par ces mots : « Le courage et la loyauté existent donc encore en ce bas monde ! » Ensuite — d'une voix éteinte et avec un regard vitreux, remarqua Hanna Reitsch —, il informa son visiteur de la disgrâce de Göring qui avait été démis de toutes ses fonctions et dont l'arrestation avait été ordonnée. S'efforçant péniblement de se redresser et de prendre un ton officiel, il nomma Ritter von Greim commandant en chef de la Luftwaffe et le promut Generalfeldmarschall. « Rien ne me sera épargné, se lamenta-t-il vers la fin de l'entrevue ; aucune déception, aucune félonie, aucune infamie, aucune trahison... »

La brève cérémonie, quelque peu embarrassante du moins pour Ritter von Greim, était sans cesse interrompue par « le grondement et le fracas des explosions », même tout au fond du bunker, le mortier des murs s'effritait et tombait par plaques. De temps à autre, les impacts étaient tellement proches qu'il fallait arrêter la ventilation pour que la fumée et la puanteur des incendies n'incommodent pas les occupants du bunker. Pour la première fois, aussi, les communications à longue distance furent interrompues quelques heures durant. Pour se faire une idée de la situation, il fallait écouter les informations de la radio ennemie ou se renseigner en téléphonant dans les quartiers proches de la zone des combats. Par diverses sources, Hitler et son entourage apprirent néanmoins que, le 25 avril, des unités américaines et soviétiques s'étaient rencontrées à Torgau, sur l'Elbe ; et alors, loin de se tirer dessus, les soldats comme les officiers avaient échangé des poignées de main. Ce seul fait réduisait à néant l'espoir sans cesse ranimé de voir s'effondrer la coalition alliée, bien que Hitler s'efforçât péniblement de cacher sa déconvenue. Avec l'obstination qui, du moins le croyait-il, l'avait toujours sauvé dans les circonstances les plus désespérées de sa vie, il assura aux dignitaires réunis pour la conférence convoquée le même jour : « A Berlin, la situation paraît plus grave qu'elle ne l'est vraiment. »

En réalité, c'était tout le contraire : la situation était bien plus grave que les occupants de la sinistre « catacombe » ne voulaient le reconnaître. Il ressort de témoignages et de constatations ultérieurs qu'à ce stade plus de la moitié des bâtiments du centre de Berlin avaient déjà été détruits par l'aviation. Et maintenant, les tirs ininterrompus de l'artillerie soviétique portaient littéralement le coup de grâce à la ville. Après la prise de Berlin, le général soviétique Bersarine a calculé qu'au cours de plus de deux années de guerre aérienne, les Alliés occidentaux avaient déversé soixante-cinq mille tonnes d'explosifs sur la capitale du Reich, tandis qu'en deux semaines seulement l'Armée rouge en avait utilisé quarante mille tonnes. Par la suite, les statisticiens ont estimé que les destructions étaient d'une telle ampleur qu'elles correspondaient à trente mètres cubes au moins de gravats et de débris divers pour chaque Berlinois.

Les principales voies de communication étaient défoncées et couvertes de décombres. Jour et nuit, les victimes des bombardements erraient dans les champs de ruines, glissant fréquemment dans les profonds cratères emplis à ras bord d'une eau verdâtre. Vêtus d'épais manteaux, coiffés du casque et portant leur fusil à l'aide d'une ficelle en guise de bandoulière, les membres de la levée populaire parcouraient les rues, cherchant souvent en vain un poste de commandement susceptible de leur dire ce qu'ils devaient faire — tâche rendue d'autant plus difficile qu'ils dépendaient non seulement du commandement militaire du secteur, mais aussi du bureau local du parti dont les ordres étaient fréquemment contradictoires. Dans les quartiers déjà conquis comme dans ceux qui continuaient encore une vaine résistance, régnaient l'angoisse et la panique. Les autorités militaires soviétiques avaient rapidement constitué des administrations ; avec une rigueur appropriée, elles s'efforçaient de maintenir un minimum d'ordre et de discipline, y compris dans les rangs de l'Armée rouge. Néanmoins, en bas de l'échelle, c'étaient souvent l'arbitraire et l'anarchie qui dominaient : arrestations et réquisitions pas toujours justifiées, sans compter les innombrables viols commis par les soldats soviétiques ivres de victoire qui, en bien des endroits, s'en prenaient à toute personne de sexe féminin, de la toute jeune adolescente à la femme déjà âgée.

Le périmètre défensif intérieur présentait une image inversée et déformée de cette situation. Comme toujours avant la débâcle, le désordre total favorisait tous les excès. Les témoignages et les journaux intimes de l'époque font état de beuveries collectives, de « partouzes » effrénées et d'excès divers. Un témoin a décrit une scène à jamais inoubliable : « De tous côtés des blessés gravement atteints, des mourants, des cadavres. Une odeur de décomposition à peine tolérable. Et au milieu de tout cela, des militaires ivres morts, enlaçant des femmes aussi soûles qu'eux. » Un autre observateur a vu, dans un restaurant du Kurfürstendamm, un groupe d'officiers SS éméchés qui « célébraient la fin du monde avec des dames en robes longues ». De nombreux témoins avaient l'impression que les tendances les plus viles se donnaient libre cours. Certes, la majorité de la population continuait à respecter les règles d'éducation inculquées dès l'enfance, mais souvent les convoitises les plus sordides prenaient le dessus. Même sous le feu de l'artillerie soviétique, des ménagères avides continuaient inlassablement à fouiller les immeubles à moitié détruits, mettant la main sur n'importe quel objet utile ou de valeur. Par endroits, des « tribunaux de rue » se constituaient ; après un simulacre de procès, les coupables ou présumés tels étaient pendus à l'arbre le plus proche, avec autour du cou un écriteau en carton disant : « J'ai volé mes compatriotes ! »

D'autres privilégiaient des moyens drastiques pour « échapper à l'enfer ». Après avoir appris que les hauts dignitaires du régime s'apprêtaient à quitter la ville, le professeur Ernst Grawitz, vice-président de la Croix-Rouge allemande et Reichsartz (médecin chef national) de la SS, fit servir le dîner. Lorsque sa femme et ses enfants eurent gagné leurs places, il prit deux grenades à main qu'il avait cachées sous la table et fit sauter toute la famille.

Ce n'était pas seulement les partisans fanatiques du régime expirant qui choisissaient cette issue. Nombre de ceux qui avaient traversé cette sombre période sans se compromettre, mais qui ne se sentaient pas capables de faire face à l'effondrement d'un monde et de toutes leurs valeurs, préférèrent se donner la mort au cours de ces dernières semaines. Un exemple particulièrement atroce est celui d'un médecin berlinois ; alors que les forces soviétiques se rapprochaient, il s'aperçut avec consternation qu'il ne lui restait que deux ampoules de poison ; en dépit de leur résistance désespérée, il noya l'un après l'autre ses deux enfants dans la baignoire, avant de faire une injection mortelle à sa femme, puis à lui-même. L'« épidémie de suicides » qui avait commencé dès février 1945 a fait un nombre de victimes inconnu ; les estimations font état de quelques milliers par mois. En mai, mois pour lequel des chiffres relativement fiables sont de nouveau disponibles, au moins sept cents suicides furent encore enregistrés.

Pendant ce temps, Hitler se raccrochait aux bonnes nouvelles les plus insignifiantes, par exemple que deux avions-cargos avaient atterri sur l'axe Est-Ouest, et tirait un réconfort absurde de toutes sortes de prévisions fantaisistes. Ainsi, il estimait qu'à Berlin les Russes seraient « saignés à blanc » : en conquérant la métropole avec ses quatre millions d'habitants, ils auraient « endossé une charge colossale ». De même, chaque fois qu'il était prononcé, le nom de Wenck suscitait de nouveaux espoirs. Le 27 avril, lorsqu'un officier participant à la conférence assura d'une voix ferme « Wenck arrive, mein Führer ! », l'ambiance devint aussitôt euphorique. « Essayez de vous représenter l'effet que cela aura ! s'exclama Hitler joyeusement. La nouvelle se répandra dans tout Berlin comme une traînée de poudre : à l'ouest, une armée allemande a enfoncé les lignes soviétiques et a établi le contact avec la forteresse ! » Mais les obsessions anciennes ne tardaient pas à reprendre le dessus : « Nous n'avons plus de champs pétrolifères... C'est catastrophique, car cela empêche toute opération de grande envergure. Dès que j'aurai réglé cette affaire, ici, il faudra s'apprêter à reconquérir des régions productrices de pétrole. » Quelque temps après, Hitler eut plusieurs entretiens très sérieux ayant trait aux décorations et autres récompenses les plus appropriées pour remercier le général Wenck de son extraordinaire opération de « sauvetage du Führer ».

Lors d'une autre conférence d'état-major de la même journée, Mohnke annonça que six chars d'assaut ennemis avaient fait leur apparition sur la Wilhelmplatz, à un jet de pierre de la chancellerie ; ils avaient été rapidement neutralisés par des unités antiblindés appelées à la hâte. La veille, le quartier de Schöneberg était tombé en dépit de la résistance désespérée des défenseurs, et en particulier de quatre cents membres des Jeunesses hitlériennes âgés d'à peine quinze ans, dont la plupart y avaient laissé leur vie.

De fait, les combats devenaient de plus en plus acharnés au fur et à mesure que les unités soviétiques se rapprochaient du centre. Dans les quartiers périphériques, leur avance avait été rapide. Les blindés constituant l'avant-garde étaient facilement venus à bout des nombreuses barricades et autres obstacles en les faisant sauter avec leur artillerie ou en les écrasant « comme des châteaux de cartes », laissant aux unités d'infanterie armées de mortiers et de lance-flammes le soin de réduire les petits nids de résistance qui subsistaient. Aux abords du périmètre défensif intérieur, leur avance fut considérablement ralentie ; en de nombreux endroits, les soldats de l'Armée rouge durent se battre pour chaque mètre de terrain, pour chaque immeuble. Les maquettes de divers quartiers que le maréchal Joukov avait fait établir avant le début de l'offensive pour simuler les combats se révélèrent totalement inutiles, les destructions massives ayant complètement transformé la physionomie de la ville. Les batailles de rue les plus meurtrières eurent lieu à proximité des emplacements de DCA, entre l'Alexanderplatz et l'hôtel de ville et devant la porte de Halle. Surtout au nord de la ville, l'Armée rouge libéra de nombreux prisonniers de guerre soviétiques ; ils furent sans tarder équipés et assignés à des unités ayant subi des pertes importantes.

Sur ces entrefaites, le bunker donnait par radio des instructions de plus en plus pressantes destinées à Keitel et à Jodl. Toutes les « unités se trouvant entre l'Elbe et l'Oder » devaient marcher sur Berlin, répétait-on inlassablement, afin de « mener victorieusement, par tous les moyens et de toute urgence, l'opération de dégagement de la capitale du Reich ». Il y avait aussi des questions réitérées avec une inquiétude croissante, mais qui restaient toujours sans réponse, concernant Wenck et Busse, ainsi que le « corps Holste » qui se battait sans doute quelque part au nord-est de la ville, et dont le nom était récemment venu enrichir les fantasmes du bunker.

Quant à Steiner, personne ne s'avisait plus de demander ce que devenait son armée. Faute d'avoir de ses nouvelles, Hitler se résolut à exiger la destitution immédiate de l'Obergruppenführer SS, et son remplacement par le général Holste. Mais l'autorité du « Führer » ne s'étendait plus jusqu'à la région d'Eberswalde ; Steiner réussit à persuader Holste de lui laisser son commandement, quelles que fussent les instructions qu'il avait pu recevoir. Le matin du 28 avril, Krebs se fit plus insistant que jamais dans un message adressé à Keitel : « Le Führer attend de l'aide de toute urgence ; il reste tout au plus quarante-huit heures. Après, il sera trop tard ! Le Führer le répète encore une fois ! »

Afin de donner plus de poids à la demande émanant du bunker, Keitel alla s'entretenir personnellement avec le général Heinrici, lequel, contrairement aux ordres qu'il avait reçus, avait ordonné le repli de l'armée blindée du général von Manteuffel. La rencontre eut lieu à un carrefour routier, au sud de Neubrandenburg. Dans toutes les directions, les routes étaient pleines d'interminables colonnes de réfugiés exténués marchant vers un but incertain. Heinrici s'était fait accompagner par Manteuffel. A peine eurent-ils échangé les salutations de rigueur que Keitel demanda avec colère aux deux officiers de quel droit ils avaient pris ces décisions contraires à leurs instructions. Ils avaient reçu l'ordre de rester sur l'Oder sans reculer d'un pas et de tenir leurs positions par tous les moyens. Pendant qu'il frappait sa paume de son bâton de maréchal, Heinrici tenta de lui expliquer la situation ; il lui était impossible de tenir plus longtemps le front de l'Oder avec les forces dont il disposait. Il n'était pas question de jeter ses hommes dans une bataille qui serait aussi meurtrière qu'inutile. En outre, s'il ne recevait pas rapidement des renforts aguerris, il se verrait contraint d'effectuer de nouveaux replis.

Continuant à gesticuler en brandissant son bâton de maréchal, Keitel déclara sèchement à Heinrici qu'il ne devait pas compter sur des renforts, mais attaquer. Tel était l'ordre du Führer, tel il devait l'exécuter. Lorsque Heinrici rétorqua qu'il se refusait absolument à donner un tel ordre au général von Manteuffel, Keitel se tourna vers lui et le regarda avec insistance ; le général lui donna alors cette explication aussi brève qu'éloquente : « Mon maréchal, la 3e armée blindée obéit uniquement à son commandant, le général von Manteuffel. » Plus agité que jamais, Keitel cria que si les hommes ne tenaient pas leurs positions, il fallait tirer dans le tas. Alors, l'armée tiendrait bon !

Le hasard voulut qu'à ce moment précis un camion passât à leur hauteur ; sur le plateau étaient assis deux soldats de la Luftwaffe totalement exténués. Heinrici leur ordonna d'approcher puis dit à Keitel : « Voilà une excellente occasion de faire un exemple, Herr Generalfeldmarshall ! Faites fusiller ces hommes ! » Visiblement embarrassé, Keitel marmonna quelques mots où il était question d'« arrestation » et de « conseil de guerre », puis dit à son chauffeur de démarrer.

Cette rencontre montre combien Heinrici avait pris ses distances à l'égard de l'univers fantasmatique du Führer et de ses ordres absurdes. Son unique objectif était de sauver ce qui restait de son groupe d'armées et d'épargner la population civile. Le lendemain matin, à l'occasion d'un nouvel entretien téléphonique avec Keitel, Heinrici parla de sa responsabilité à l'égard de ses hommes. Keitel le remit vertement à sa place : « Vous n'avez à porter aucune responsabilité, mais à obéir aux ordres ! » Le général rétorqua que, dans ces circonstances, il se voyait dans l'obligation d'informer le Generalfeldmarschall qu'il ne pouvait plus assurer son commandement. Après un long moment de silence, Keitel dit : « Général Heinrici, en vertu des pouvoirs que m'a délégués le Führer, je vous relève du commandement du groupe d'armées Weichsel, avec effet immédiat. Tenez-vous à notre disposition à votre quartier général. »

Au fond du bunker de la chancellerie comme partout ailleurs, les derniers vestiges d'espoir s'évanouissaient d'heure en heure. Dans la soirée du 28 avril, alors que, à en croire des rumeurs insistantes, les Russes auraient atteint le haut de la Wilhelmstrasse, tandis que des combats sanglants se déroulaient déjà aux abords de la Potsdamer Platz, une autre nouvelle tomba, sous la forme d'une dépêche de l'agence Reuter. Elle confirmait ce que beaucoup supposaient depuis des heures : le Reichsführer-SS Heinrich Himmler avait effectivement essayé, par l'intermédiaire du diplomate suédois Folke Bernadotte, d'entamer des négociations séparées avec les puissances occidentales, allant jusqu'à annoncer qu'il était prêt à envisager une « capitulation inconditionnelle ».

Cette nouvelle fit à Hitler l'effet d'un coup de massue. Il avait toujours pensé que Göring était un homme totalement corrompu et qu'Albert Speer (son autre grande déception de ces derniers temps, comme il le confia à Artur Axmann), était un artiste capricieux aux réactions imprévisibles, éloigné de la réalité. Par contre, la trahison de Himmler, qui ne cessait de parler de cette « loyauté » dont il faisait la grande maxime de son « ordre masculin, aryen et germanique de la SS », c'était un monde qui s'écroulait. Hanna Reitsch a décrit la scène : « Il se démenait comme un fou, son visage empourpré était presque méconnaissable. » Il se retira dans son appartement privé en compagnie de Goebbels et de Bormann. A ce moment, « Il était devenu blanc comme un linge », poursuit Hanna Reitsch, et offrait « le spectacle d'une vie déjà éteinte ».

Après avoir fait quelques remarques irascibles, Hitler finit par retrouver son calme. A minuit, il se rendit dans la chambre où était alité Ritter von Greim. S'asseyant au bord du lit, il demanda instamment au nouveau commandant en chef de la Luftwaffe de se rendre sans tarder à Plön, dans le Schleswig-Holstein, afin de prendre avec Dönitz toutes les mesures nécessaires pour que Himmler reçoive le châtiment qu'il méritait. « Il ne faut pas qu'un traître devienne mon successeur, déclara-t-il. Veillez à ce que cela ne se produise pas. » Von Greim, ainsi que par la suite Hanna Reitsch soulevèrent des objections. Ils avaient décidé de rester dans le bunker et d'y trouver la mort en compagnie de Hitler. De toute manière, il n'était plus possible de sortir de Berlin.

Hitler persista dans sa décision. Il avait déjà demandé un Arado 96 ; il croyait savoir que l'avion aurait déjà atterri sur l'axe Est-Ouest, alors que tout autour la bataille faisait rage. Il remit ensuite à Hanna Reitsch deux fioles de poison, « au cas où le pire arriverait », et prit congé. Au moment de sortir, il ajouta : « A Potsdam, on entend déjà l'artillerie allemande. » Arrivé dans le couloir, il fit part de son indignation à tous ceux qu'il rencontrait, en des termes chaque fois différents. Il savait maintenant, déclara-t-il notammment, pourquoi Himmler avait échoué sur la Vistule, pourquoi l'offensive SS en Hongrie s'était soldée par une défaite, et pourquoi Steiner n'avait pas obéi à l'ordre de passer à l'assaut : trahison, tout n'était que trahison et intrigues. Le Reichsfüher-SS avait même nourri l'intention de le livrer vivant à l'ennemi...

Sur ces entrefaites, les derniers occupants du bunker écrivaient en toute hâte des lettres à leurs familles pour les remettre à Hanna Reitsch, car c'était peut-être l'ultime possibilité de faire sortir un message de la ville. Peu après, le visage baigné de larmes, l'aviatrice quitta le bunker avec Ritter von Greim. Après avoir réussi contre toute attente à sortir de la capitale, elle devait raconter son séjour à Berlin au général Koller, décrivant ce qu'elle avait éprouvé en ces termes : « Il faut s'agenouiller avec vénération devant l'autel de la patrie. » Pour sa part, Ritter von Greim déclara avec exaltation que ces jours passés aux côtés du Führer lui avaient fait l'effet d'une « fontaine de Jouvence ».

Vers 10 heures du soir, alors que les couloirs du bunker résonnaient encore des accusations de haute trahison, le général Weidling vint faire son rapport. Ce qu'il avait à dire réduisait à néant les espoirs délirants qui avaient précédé. Les Russes effectuaient « une percée après l'autre », annonça-t-il, et il n'y avait plus de réserves. Par ailleurs, l'approvisionnement par voie aérienne était devenu pratiquement impossible. En grande partie pour mettre fin aux « souffrances inimaginables de la population », il proposait, « en tant que soldat, de risquer une sortie pour briser l'encerclement de Berlin ».

Avant même que Hitler ou Krebs ne puissent réagir à sa proposition, Goebbels « me prit à partie et, en utilisant des termes assez salés... s'évertua à tourner en ridicule mes arguments les mieux fondés », se souviendra Weidling. S'abstenant d'intervenir, Krebs laissa la décision finale à Hitler. « Après avoir longuement réfléchi », celui-ci reprit une fois de plus les arguments qui lui avaient déjà fait rejeter les propositions de percée concernant la 9e armée. « Tenir à tout prix ! » — avec cette devise, il avait justifié toutes les batailles défensives des années passées, et une sortie n'était selon lui qu'un repli déguisé. Même si la proposition de Weidling était acceptée et réussissait, déclara Hitler selon le général, « nous ne ferions qu'aller d'une zone d'encerclement à l'autre. Et alors, lui, le Führer, devrait camper quelque part en pleine campagne ou se réfugier dans une maison de paysans ou quelque chose de ce genre, et attendre la fin ».

En réalité, Hitler suivait la conversation d'une oreille distraite. Il avait manifestement d'autres préoccupations. Sa colère, qui n'était toujours pas retombée, exigeait une victime. Au cours de la discussion sur la trahison de Himmler, le nom de Hermann Fegelein avait été prononcé à plusieurs reprises. Fegelein était un des plus proches confidents du Reichsführer-SS. Grâce à son charme et à une absence totale de scrupules, cet homme

« au caractère entièrement corrompu », selon le jugement unanime, avait réussi à se faire une place dans l'entourage de Hitler ; en été 1944, il avait épousé Margarete Braun, la sœur d'Eva, et avait été promu au rang de général de corps d'armée dans la Waffen-SS. Le 26 avril, sans prévenir quiconque ni laisser de message, il avait quitté le bunker et s'était rendu en voiture dans son appartement de la Bleibtreustrasse, près du Kurfürstendamm. Deux jours auparavant, Fegelein avait confié au général SS Hans Jüttner qu'il n'avait « certainement pas l'intention de mourir à Berlin ». De son appartement, il avait téléphoné à Eva Braun, à laquelle il avait fait une cour éhontée à l'Obersalzberg. Complètement ivre, il avait tenté de la convaincre ; il n'y avait pas à réfléchir, elle devait venir le rejoindre au lieu d'attendre une fin certaine au fond du bunker : « Eva, il faut que tu quittes le Führer ! Ne sois pas stupide, c'est une question de vie ou de mort. »

Le 27 avril, Hitler demanda à parler à Fegelein, mais celui-ci n'était pas là. Il avait tout simplement ignoré l'ordre de regagner immédiatement la chancellerie, donné au téléphone par le général SS Johann Rattenhuber, chef du RSD (Service de la sécurité du Reich). Sur ce, un détachement du commando d'escorte du Führer avait été envoyé pour ramener Fegelein. Selon des rumeurs circulant au bunker, Eva Braun, qui avait considéré sans déplaisir les avances de son beau-frère et qui était maintenant très inquiète, aurait téléphoné à l'appartement de la Bleibtreustrasse, mais tous ses efforts pour convaincre Fegelein de revenir auraient été vains. Toujours est-il que ce dernier avait renvoyé avec arrogance ce premier détachement. Un second détachement, dirigé par Högl en personne, directeur de la section criminelle du RSD, avait finalement réussi à ramener à la chancellerie le général SS toujours pas dessoûlé (comme le note le rapport avec indignation), et qui avait été trouvé en compagnie d'une dame aux cheveux roux. A son arrivée au bunker, le pilote de Hitler, Hans Baur, lui avait fait observer que son comportement risquait de le faire accuser de désertion ; Fegelein avait rétorqué : « Si ce n'est que cela, fusillez-moi sur-le-champ ! »

Fegelein avait seulement fait cette remarque par inconscience ou parce que, arriviste habitué au succès, il se croyait intouchable. A sa surprise, il fut cassé de son grade avant même le premier interrogatoire. Lorsque Mohnke ajouta qu'il était également déchu de tous ses autres titres honorifiques, il arracha lui-même ses épaulettes et insulta Mohnke ainsi que les deux officiers SS qui l'accompagnaient. Il s'écria avec indignation qu'il relevait de la seule autorité du Reichsführer Himmler, et ne ferait donc de déposition qu'en présence de ce dernier. Il demanda ensuite à être reçu par Hitler, mais ce dernier déclara avec rage qu'il ne voulait pas le voir. Il semble que Hitler envisagea néanmoins de confier à Fegelein le commandement d'une des unités de Mohnke. Mais Bormann et Otto Günsche lui assurèrent que, dans ce cas, Fegelein profiterait de la première occasion pour « décamper ». Hitler décida alors de faire juger Fegelein par une cour martiale. En vain Eva Braun le conjura-t-elle d'épargner son beau-frère, ne serait-ce que pour ménager sa femme (la propre sœur d'Eva, comme nous l'avons vu) qui allait accoucher sous peu. Hitler rejeta sa requête avec une telle rudesse qu'elle s'inclina : « Tu es le Führer ! »

Le tribunal convoqué par Mohnke dut ajourner sa session en raison de « l'état d'ébriété persistant de l'accusé », lequel fut ramené à sa cellule pour cuver son alcool. Le lendemain, Heinrich Müller, chef de la Gestapo, le soumit à un « interrogatoire serré » dans la cave de l'église de la Trinité, située à proximité. C'est alors que tomba la nouvelle de la trahison de Himmler, ce qui devait sceller le sort de Fegelein. La petite valise pleine de bijoux et de devises trouvée dans l'appartement de celui-ci n'était plus la seule pièce à charge. Une perquisition de son bureau des caves de la chancellerie permit de découvrir une serviette contenant des documents dont il ressortait que le proche de Himmler était informé depuis longtemps des prises de contact du Reichsführer avec le comte Folke Bernadotte.

Hitler en fut tellement outré qu'il ordonna de fusiller Fegelein sans autre forme de procès. Peu avant minuit, quelques membres du RSD vinrent le chercher dans la cellule du bunker où il avait été enfermé, et, tandis qu'il continuait à hurler avec rage, ne se doutant apparemment de rien, il fut abattu — soit dans les couloirs du bunker, soit près de la sortie donnant sur les jardins. La soif de vengeance de Hitler était telle que, ne revoyant pas revenir le détachement du RSD au bout de quelques minutes, il demanda à plusieurs reprises pourquoi on ne lui avait pas encore remis le rapport d'exécution.

« Pauvre, pauvre Adolf ! s'exclama Eva Braun qui avait ses propres raisons de porter le deuil de Fegelein. Tous t'ont abandonné, tous t'ont trahi ! »

Au plus tard à ce moment, Hitler prit finalement conscience qu'il était temps d'en finir et de régler certaines affaires. Comme toujours lorsqu'il prenait une décision après avoir longuement hésité, il mit celle-ci en application sans tarder. Vers minuit, il fit préparer la petite salle des cartes en vue de la cérémonie. Un véhicule blindé alla chercher un fonctionnaire de l'état civil qui avait travaillé quelque temps dans les services berlinois de Goebbels et qui servait dans une unité de la Levée populaire stationnée à proximité. Dès son arrivée au bunker, l'officier de l'état civil fut informé qu'il devait unir le Führer et Eva Braun par les liens du mariage. Goebbels et Bormann servaient de témoins. Respectant les formalités d'usage, les deux futurs conjoints demandèrent, compte tenu des circonstances, un « mariage de guerre » avec procédure simplifiée, et déclarèrent l'un et l'autre qu'ils étaient « de pure ascendance aryenne, et exempts de maladies héréditaires ».

Ces formalités accomplies, l'officier d'état civil demanda à Hitler s'il voulait prendre Eva Braun pour épouse, et à cette dernière si elle acceptait de prendre Hitler pour époux. Sur leur réponse affirmative, il déclara qu'ils étaient mariés « aux yeux de la loi ». Lorsqu'on lui présenta l'acte de mariage, Eva Braun était tellement troublée qu'elle commença par signer de son nom de jeune fille, puis, s'en rendant compte, barra le B majuscule et écrivit « Eva Hitler, née Braun ». Ils se rendirent ensuite dans leurs appartements privés pour vider un verre avec les généraux Krebs et Burgdorf, quelques aides de camp et le colonel von Below, et se remémorer les moments glorieux du passé. Dès que la nouvelle du mariage de Hitler fut connue, plusieurs habitants de la partie supérieure du bunker décidèrent d'emboîter le pas au « Führer ». Au cours de la nuit, plusieurs couples furent unis par le Dr Werner Naumann, secrétaire d'Etat au ministère de la Progagande, faisant office d'officier de l'état civil.

L'idée saugrenue de ce mariage précédant leur double suicide, comme si Hitler craignait de reposer dans une sépulture illégitime, signale peut-être sa résignation définitive : il savait qu'il avait perdu la partie. Il avait expliqué à maintes reprises qu'en sa qualité de Führer il ne devait avoir aucun lien d'ordre personnel avec qui que ce fût. La haute idée qu'il se faisait de son rôle « historique » excluait notamment toute intimité familiale. A ce moment tardif, il est fort probable qu'il renonça à ces prétentions, ainsi, semble-t-il, qu'à sa certitude d'avoir été élu par le destin. En tout état de cause, il déclara aux « invités de la noce » que l'idée du national-socialisme était révolue et ne renaîtrait plus jamais. Quant à lui, ajouta-t-il, la mort lui apparaissait comme une délivrance. Sur ce, il prit congé de ses hôtes pour aller dicter ses dernières volontés.

Il rédigea en fait deux testaments : un politique, et un personnel. Le premier était caractérisé par des protestations d'innocence, par des accusations portées contre des « hommes d'Etat, qui soit étaient eux-mêmes d'origine juive, soit favorisaient les intérêts juifs », ainsi que par des reproches adressés à des « sujets à la fois aveuglés et dénués de force morale » qui avaient saboté la cause commune. Une fois de plus, il justifiait sa décision de rester dans la capitale du Reich et d'y « choisir... librement la mort ». Il ne voulait en aucun cas « tomber aux mains des ennemis, qui ont besoin d'un nouveau spectacle mis en scène par des juifs pour distraire leurs masses surexcitées ».

Pour lui succéder à la tête de l'Etat et de la Wehrmacht, Hitler désigna l'amiral Karl Dönitz. Faisant valoir que la Marine avait une conception élevée de l'honneur qui excluait toute notion de reddition, il le chargea à toutes fins utiles de poursuivre la lutte même après sa propre mort, et jusqu'à la chute finale. Göring et Himmler furent exclus du parti et démis de toutes leurs fonctions ; un nouveau gouvernement du Reich devait être constitué dont Joseph Goebbels serait le chancelier et Martin Bormann le ministre du parti. Pour finir, il fit appel au sens de l'honneur et de l'obéissance de tous les Allemands qui devaient se battre « jusqu'à la mort », et revint une dernière fois sur son obsession de toujours : « En tout premier lieu, je demande aux dirigeants de la nation et à tous nos partisans de respecter scrupuleusement les lois raciales et de résister impitoyablement à l'empoisonneur de tous les peuples du monde, la juiverie internationale. »

Le testament personnel de Hitler était nettement plus concis. Il justifiait sa décision de « prendre pour femme cette jeune fille qui, après de longues années d'amitié sincère, [était] venue de son plein gré dans la ville assiégée pour partager [son] sort ». Il prenait ensuite quelques dispositions relatives à sa succession, et désigna comme exécuteur testamentaire « Martin Bormann, [son] plus fidèle camarade du Parti ». Le document se terminait sur ces mots : « Afin d'échapper à l'infamie de la destitution ou de la capitulation, moi-même et mon épouse choisissons la mort. Notre volonté est d'être incinérés immédiatement là où j'ai accompli la majeure partie de ma tâche quotidienne pendant les douze années consacrées au service de mon peuple. » Au cours de la matinée, trois messagers furent chargés de porter des doubles de l'acte de mariage et du testament de Hitler à l'amiral Dönitz, au maréchal Schörner et au siège du parti à Munich.

Juste avant de quitter le bunker, un de ces messagers, le chef du service de presse allemand Heinz Lorenz, reçut de la main de Goebbels une « annexe au testament politique du Führer ». Dans ce document rédigé à la hâte, Goebbels exposait les raisons qui l'avaient poussé à rester à Berlin. Ne serait-ce que par simple compassion humaine, expliquait-il, il « ne pouvait se résoudre à laisser le Führer seul en cette heure difficile ». Dans le « délire de trahison » qui les entourait, il devait au moins en rester quelques-uns qui « lui resteraient inconditionnellement fidèles jusqu'à la mort ». Il estimait qu'en donnant personnellement l'exemple, il servirait le peuple allemand mieux que jamais. Le texte se terminait ainsi : « Pour cette raison, je déclare avec ma femme, et au nom de mes enfants, qui sont trop jeunes pour s'exprimer eux-mêmes, mais qui, s'ils étaient assez âgés pour cela, partageraient sans réserve cette décision, mon intention irrévocable de ne pas quitter la capitale du Reich, même si elle tombe, et, le cas échéant, de mettre fin aux côtés du Führer à une vie qui n'a plus aucune valeur pour moi s'il n'était plus possible de la mettre au service du Führer en luttant avec lui. »

Le dimanche 29 avril, par une radieuse journée de printemps, l'état-major Nord signala qu'au centre de Berlin les combats de rue faisaient rage « nuit et jour ». A ce stade, les Allemands tenaient encore la partie centrale du quartier des ministères, le zoo, un étroit couloir partant de la station Zoo en direction de l'ouest pour rejoindre la Havel, ainsi que quelques petits points d'appui dispersés. Le rapport faisait également état de « mutineries » dans la zone Sud et de « mesures très énergiques », et démentait la nouvelle, diffusée par un émetteur de Munich, selon laquelle « le Führer serait tombé ». Par radiotéléphone, Keitel reçut une fois de plus l'ordre d'agir « à la vitesse de l'éclair et avec la plus grande vigueur » ; « Wenck, Schörner et d'autres » étaient conviés à « témoigner de leur fidélité au Führer par une opération de dégagement rapide ». A un moment donné, Krebs appela Jodl, mais leur entretien fut brutalement interrompu parce que, comme on ne tarda pas à le déterminer, le ballon captif assurant les communications radio du bunker avait été abattu par les tirs ennemis.

Pendant le rapport de la mi-journée, Hitler demanda qu'on fasse venir Wilhelm Mohnke afin de connaître la situation exacte du front. Etalant sur la table un plan du centre de Berlin, Mohnke donna les précisions demandées en s'abstenant de tout commentaire : « Au nord, les Russes ont presque atteint le pont de Weidamm. A l'est, ils sont au Lustgarten. A l'ouest, à la Potsdamerplatz et au ministère de l'Air. A l'ouest, au Tiergarten, à trois ou quatre cents mètres de la chancellerie. » Lorsque Hitler lui demanda combien de temps il pouvait encore tenir, Mohnke répondit : « Au maximum vingt à vingt-quatre heures, mein Führer, pas davantage. »

Hitler demanda aussitôt à son maître chien, l'adjudant Fritz Tronow, d'empoisonner Blondi, sa chienne de berger : il ne fallait surtout pas qu'elle tombe aux mains des Russes, il était malade rien que d'y penser. Selon toute probabilité, il lui importait surtout de tester l'action de l'acide cyanhydrique qui avait été distribué à la ronde au cours des semaines écoulées. Depuis la trahison de Himmler, il n'était plus certain que le poison, fourni par la SS, agissait avec toute la rapidité souhaitable. Lorsque Tornow cassa l'ampoule avec des tenailles puis en versa le contenu dans la gueule maintenue ouverte de l'animal, celui-ci s'écroula « comme s'il avait été frappé par la foudre ». Peu après, selon les dires d'un témoin oculaire, Hitler monta jusqu'à la sortie du complexe souterrain, « pour dire adieu à la chienne ». A son retour au fond du bunker, selon un autre témoignage, il ressemblait à « son propre masque mortuaire », et ne tarda pas à « gagner sa chambre... sans un mot ». Pendant ce temps, Tornow tua les cinq chiots avec son pistolet, près de la porte donnant sur les jardins de la chancellerie.

Le bunker était devenu étrangement silencieux. Ceux qui devaient remettre un rapport ou transmettre une information effectuaient leur mission puis repartaient sans perdre un instant. « Ils avaient tous peur de rester en bas », écrit dans un mémoire le téléphoniste du bunker, Rochus Misch ; l'ambiance évoquait celle « d'un sarcophage ». Les participants habituels aux conférences ne savaient plus trop où ils en étaient et faisaient toutes sortes d'hypothèses embrouillées. La possibilité de monter des opérations tant soit peu planifiées paraissait fort improbable. En fait, la plupart des unités, ignorant tous les ordres venus du bunker, avaient commencé depuis longtemps à organiser la résistance comme bon leur semblait.

Ne serait-ce que pour échapper à l'ambiance sépulcrale du couloir où se tenaient les conférences, tous ceux dont la présence n'était pas indispensable montaient dans la partie supérieure du bunker ou allaient se réfugier dans les caves de la chancellerie. Une partie des pièces du bunker étaient occupées par une compagnie de la Leibstandarte, la garde personnelle du Führer, d'autres avaient été mises à la disposition de civils cherchant un refuge. Ailleurs était installé un hôpital où étaient accueillis plus de trois cents blessés, pour la plupart gravement atteints. Ils étaient soignés par deux médecins totalement débordés, assistés par quelques infirmières et aides soignantes. Tandis que les uns opéraient des patients sur des tables couvertes de sang, les autres évacuaient les cadavres ou portaient jusqu'à la sortie du bunker de grandes bassines pleines de membres amputés, en se frayant un chemin à travers la foule qui encombrait les couloirs. Il y avait aussi de nombreux dignitaires du parti ou hauts fonctionnaires qui, vu les services qu'ils avaient rendus au régime, estimaient avoir droit à un traitement de faveur. Les enfilades de pièces et de couloirs anarchiquement surpeuplées constituaient aussi le sinistre décor de cette « ambiance de fin du monde » que décrit un autre témoin : « Tous essayaient de noyer leur chagrin dans l'alcool. Les meilleurs vins et alcools, accompagnés de mets de choix, étaient prélevés sur les abondantes réserves. » Chaque nouvel arrivant se trouvait inévitablement engagé dans une conversation sur « le meilleur moyen de mettre fin à ses jours au moment opportun ». Un des occupants du bunker s'est comparé à « un habitant d'une morgue » où les morts faisaient semblant d'être encore en vie.

Vers 10 heures et demie, la salle de conférences s'anima soudain. Un aide de camp arriva pour annoncer que, en captant par hasard une émission sur ondes courtes, l'on avait appris que Mussolini était mort. Deux jours auparavant, le Duce avait été arrêté avec sa maîtresse Clara Petacci dans une localité des bords du lac de Côme ; dès le lendemain, il avait été sommairement exécuté. La suite des événements parut encore plus inquiétante à Hitler qui avait à diverses reprises exprimé la crainte d'être amené à Moscou par les Russes afin d'être exhibé devant la populace déchaînée dans une « cage à singes », comme s'il était un phénomène de foire. La fin de Mussolini raviva cette vision d'épouvante : les cadavres avaient ensuite été amenés à Milan et pendus par les pieds dans une station-service de la piazzale Loretto où la foule leur avait craché dessus et lancé des pierres.

Cette nouvelle déprima encore davantage l'assemblée qui continuait à attendre, sans trop y croire, quelque événement miraculeux. Le même soir, comme s'il espérait encore que la capitale pourrait être dégagée, Hitler avait fait envoyer à Jodl un message dont la teneur se limitait à cinq questions désespérées : « Réponse immédiate exigée. 1. Où sont les unités avancées de Wenck ? 2. Quand repasseront-elles à l'attaque ? 3. Où est la 9e armée ? 4. Dans quelle direction la 9e armée effectue-t-elle sa percée ? 5. Où est l'avant-garde de Holste ? »

Tandis que les heures passaient sans réponse et que les derniers vestiges d'espoir s'évanouissaient, Hitler se leva brusquement et gagna la petite salle de conférences pour prendre congé de ses collaborateurs les plus proches. Goebbels était arrivé en compagnie de sa femme, Burgdorf et Krebs étaient présents, ainsi que Mohnke, Rattenhuber et Hewel ; il y avait aussi les secrétaires, la cuisinière-diététicienne de Hitler, mademoiselle de Manziarly, et pour finir quelques officiers supérieurs de la SS : vingt personnes au total. Hitler fit le tour de la petite assemblée, serrant la main à chacun et faisant parfois quelques remarques personnelles, mais sa voix affaiblie était à peine audible à cause du vacarme des moteurs diesel qui alimentaient le bunker en électricité et assuraient le renouvellement de l'air. S'adressant ensuite à tous, il annonça que, afin de ne pas tomber aux mains des Russes, il avait résolu de mettre fin à ses jours. Il libérait tous les assistants de leur serment de fidélité et espérait qu'ils parviendraient à rejoindre les lignes britanniques ou américaines. S'approchant de Rattenhüber, il lui dit qu'il demeurait au poste qui lui avait été assigné à la chancellerie du Reich où il monterait « éternellement la garde ».

Aux environs de 3 heures du matin, la réponse tant attendue de Keitel et de Jodl arriva enfin. En quatre phrases concises, elle apportait la réponse aux questions de Hitler : « 1. Avant-garde Wenck bloquée au sud du lac de Schwielow. 2. Par suite, la 12e armée ne peut pas continuer sa percée sur Berlin. 3. 9e armée encerclée par forces massives. 4. Corps d'armée Holste contraint à la défensive. » Une dernière phrase résumait le caractère désespéré de la situation : « Les percées en direction de Berlin n'ont progressé dans aucun secteur. »

Le lendemain, 30 avril, des tirs d'artillerie nourris commencèrent dès 5 heures du matin, tirant du sommeil les hommes du bunker. Environ une heure plus tard, Mohnke fut appelé par Hitler. Les yeux rougis par le manque de sommeil, portant robe de chambre et pantoufles, Hitler était assis sur une chaise placée à côté de son lit. Calme, presque apathique, il lui demanda combien de temps il était encore possible de tenir. Mohnke répondit pas plus de quelques heures, car les Russes n'étaient qu'à une centaine de mètres de tous les côtés bien que leur avance eût été momentanément stoppée. La réaction de Hitler fut de déclarer que les démocraties occidentales étaient décadentes et qu'elles seraient inévitablement soumises par les peuples de l'Est, encore jeunes et gouvernés d'une main de fer. Sur ce, il tendit la main à Mohnke : « Bonne chance ! Je vous remercie. Ce n'était pas seulement pour l'Allemagne ! »

A 7 heures, selon le témoignage d'une sentinelle, Eva Braun arriva à la sortie du bunker pour, dit-elle, « voir une dernière fois le soleil ». Un moment après, la silhouette fantomatique de Hitler apparut dans la pénombre de l'escalier. Comme les tirs redoublaient d'intensité, il s'arrêta avant d'avoir atteint la dernière marche et fit demi-tour.

Vers midi, l'état-major de Hitler se réunit une dernière fois dans la salle des conférences. Le général Weidling rapporta que les forces soviétiques avaient donné l'assaut au Reichstag ; quelques éléments avancés avaient réussi à pénétrer dans le tunnel de la Vossstrasse, à proximité immédiate de la chancellerie. Comme il ne recevait plus de rapports de ses unités, il tenait une fois de plus ces informations de bulletins diffusés par des émetteurs étrangers. Il était devenu impossible de défendre la ville, dit-il pour résumer. Lorsqu'il ajouta que le Führer devrait peut-être essayer de « sortir d'ici » pour rejoindre l'armée de Wenck à Potsdam, Hitler répondit qu'une telle tentative serait dénuée de sens : « De toute manière, personne n'exécute mes ordres. » Lorsque Weidling lui demanda des instructions sur ce qu'il devait faire au cas où les réserves de munitions seraient complètement épuisées, Hitler lui dit en guise de réponse qu'il ne capitulerait jamais et lui interdit catégoriquement toute forme de capitulation, ordre valable également pour tous les autres commandants. Ensuite, il se retira avec le général Krebs pour un ultime tête-à-tête. Par ailleurs, maintenant qu'il était très probablement trop tard, il autorisa certaines unités à tenter une sortie, ce qu'il avait catégoriquement refusé depuis des semaines. Quelque temps après, Weidling reçut communication du dernier « ordre du Führer » dont la teneur était :

« Dans le cas où les défenseurs de la capitale du Reich viendraient à manquer de munitions et de ravitaillement, je donne mon accord à une opération de sortie. Les percées devront être effectuées par de très petits groupes qui s'efforceront de rejoindre les unités restées opérationnelles. Si la jonction est impossible, les combats devront se poursuivre par petits groupes dans les forêts. »

La conférence terminée, Hitler sortit le dernier de la salle. Apercevant Otto Günsche, il lui répéta qu'il était hors de question qu'il tombe aux mains des Russes, mort ou vivant. De même que « Fräulein Braun », comme il persistait à l'appeler, il se donnerait lui-même la mort. Il voulait que son corps fût brûlé ; ses restes ne devaient « jamais être découverts ». Il demanda ensuite à Günsche de s'engager à prendre toutes les mesures nécessaires pour faire disparaître sa dépouille mortelle. Hitler attachait tant de prix à cet ordre qu'il le fit immédiatement mettre par écrit. Aussitôt après, Günsche entra en communication avec Erich Kempka, le chauffeur de Hitler, dont le bureau se trouvait dans le garage souterrain proche de la chancellerie ; il lui demanda de se procurer de toute urgence autant d'essence que possible, au besoin en vidant les réservoirs des véhicules immobilisés. Lorsque Kempka demanda ce qu'il voulait en faire, Günsche répondit qu'il préférait ne pas en parler au téléphone. Peu de temps après, quelques soldats SS, se protégeant des tirs incessants en rasant les murs et en rampant derrière les tas de gravats, vinrent déposer un certain nombre de bidons d'essence dans la partie supérieure du bunker.

Vers 2 heures de l'après-midi, Hitler prit son dernier repas en compagnie de ses secrétaires et de sa cuisinière. Après les nombreux éclats de colère et crises nerveuses de cette journée, il paraissait calme et maître de soi. Une des secrétaires qualifia la petite assemblée assise autour de la table du séjour de Hitler de « banquet funèbre ». La veille au soir, Hitler lui avait remis une des douilles en laiton contenant les ampoules de poison, en lui faisant remarquer qu'il était parfaitement conscient que c'était un misérable cadeau d'adieu. Contrairement à toute attente, Eva Braun n'était pas présente.

Le repas terminé, Hitler ne s'attarda pas. Il prit congé de ses hôtes sur ces mots : « Le moment est venu, c'est la fin », puis alla voir Goebbels qui l'attendait dans son bureau. Oubliant serments, honneur, fidélité et visions d'une fin héroïque face à la perspective d'une mort inéluctable et de plus en plus proche, l'homme qui se qualifiait volontiers de « dernier des fidèles » conjura soudain Hitler de quitter Berlin. Hitler lui répéta une fois de plus tous les arguments — qui lui avaient en partie été suggérés par Goebbels lui-même — et lui posa sans doute la question avec laquelle il avait déjà repoussé tant de tentatives de le faire changer d'avis, « Pour aller où ? » en ajoutant qu'il se refusait à « périr misérablement sur les routes ». Pour clore la discussion, il dit : « Docteur, vous connaissez ma décision. Je n'en changerai pas ! » Par contre, ajouta-t-il, il ne tenait qu'à Goebbels lui-même de quitter Berlin avec sa femme et ses enfants. Cette fois, Goebbels se récria, lui assurant qu'il n'abandonnerait jamais le Führer.

Les scènes d'adieux se succédaient. Après avoir raccompagné Goebbels et sa femme qui était venue se joindre à eux, Hitler tomba sur son aide de camp personnel, Heinz Linge, qui voulait prendre congé de lui. Hitler lui conseilla de tenter de rejoindre les lignes occidentales avec les autres. Lorsque Linge, homme assez fruste, lui demanda pour quelle raison, ou pour qui, il valait la peine de continuer à lutter, Hitler répondit : « Pour l'homme à venir ! » Linge prononça quelques mots où il était question de fidélité par-delà la mort et salua en levant le bras droit. Hitler regagna ensuite ses appartements privés.

Quelque temps après, Hitler apparut dans le couloir-salle de conférences ; cette fois, il était accompagné de sa femme. Portant un simple veston d'uniforme, avec pour seules décorations la croix de fer et la médaille des blessés de la Première Guerre mondiale, il s'apprêta à prendre congé, en quelque sorte officiellement, de ses principaux collaborateurs. Goebbels, la femme de celui-ci et Bormann étaient au premier rang. Derrière, se tenaient les généraux Krebs et Burgdorf, l'ambassadeur Hewel et le vice-amiral Hans-Erich Voss, officier de liaison de la Marine. Enfin, venaient Rattenhuber, Günsche, Högl et Linge, ainsi que les secrétaires. Après avoir passé en revue la petite formation aux côtés de sa femme, en ne répondant que brièvement à leurs déclarations en partie sobres et protocolaires, en partie empreintes d'émotion, il regagna ses appartements, seul, tandis qu'Eva Braun allait s'entretenir un moment avec Magda Goebbels. Pendant ce temps, sur ordre de Günsche, plusieurs officiers SS du commando d'escorte du Führer s'assemblaient dans la partie supérieure du bunker.

Hitler fit alors appeler son pilote, le capitaine Hans Baur (à moins qu'il ne l'eût déjà fait avant la cérémonie des adieux, ce point n'est pas établi avec certitude). Lorsque Baur, accompagné de son second Georg Betz, fut introduit, Hitler lui prit les mains avec effusion, le remercia pour ces longues années de service fidèle dévoué, puis parla une fois de plus de la lâcheté et de la traîtrise qui lui avaient valu cette fin ; maintenant, il n'en pouvait plus. Baur fit une ultime tentative de le convaincre de fuir Berlin ; des appareils d'un rayon d'action de onze mille kilomètres étaient prêts à décoller pour l'emmener dans un des pays arabes, en Amérique du Sud ou au Japon, mais Hitler eut un geste de dénégation résigné : il fallait tirer un trait, avoir le courage de faire face aux conséquences. Pas plus tard que demain, des millions le gens le maudiraient — « Mais le destin n'a pas voulu qu'il en soit autrement. »

Il demanda ensuite à Baur de veiller lui aussi à ce que les corps soient brûlés. Contrairement à ce qui était arrivé à Mussolini, « ses restes et ceux de sa femme ne devaient en aucun cas tomber aux mains de ces porcs ». Au moment de prendre congé, il offrit à Baur le portrait de Frédéric le Grand par Anton Graff, avec lequel il s'était si souvent entretenu en silence au cours des semaines écoulées ; une nuit, un des téléphonistes du bunker l'avait vu fixer « comme en transe » le tableau à la lumière d'une bougie dont les courants d'air faisaient vaciller la flamme. Alors que Baur se dirigeait vers la porte, Hitler revint apparemment sur sa première résolution. Sa tombe, lui dit-il, devait porter une inscription disant qu'il avait été « victime de ses généraux ».

Une fois encore, le cours des événements fut interrompu. Magda Goebbels, « le visage baigné de larmes », fit soudain irruption dans le couloir et, « dans un état de grande excitation », demanda à parler au Führer. Hitler était visiblement excédé, mais Günsche parvint à le convaincre de recevoir cette femme désespérée. Fervente admiratrice de Hitler, Magda Goebbels avait depuis assez longtemps pris une résolution apparemment irrévocable : si le pire devait arriver, ses enfants ne lui survivraient pas. Les nombreuses et persistantes tentatives de la faire revenir sur sa décision étaient restées sans effet. Elle avait même opposé un refus catégorique aux instances de Hitler en personne. Son principal argument était qu'elle ne pouvait pas laisser son mari partir seul, et si elle l'accompagnait dans la mort, les enfants devaient eux aussi disparaître. Par la suite elle avait pourtant eu des doutes, ainsi que Goebbels lui-même. Très agitée, elle tenta une dernière fois de convaincre Hitler de quitter Berlin, pendant que son mari attendait devant la porte. Mais Hitler ne voulait plus en entendre parler. A bout de patience, il rejeta sa demande assez sèchement ; « au bout d'une minute environ », selon le témoignage de Günsche, Magda Goebbels se « retira en pleurant ». Artur Axmann arriva à son tour, demandant à parler de toute urgence au Führer, mais Günsche lui signifia qu'il avait reçu l'ordre formel de ne plus admettre qui que ce fût.

Dans le bunker, l'ambiance était aussi lourde et morose que les jours précédents. Partout, seuls ou par petits groupes, assis ou debout, les gens attendaient en silence, sans trop savoir au juste ce qu'ils attendaient. Comme si cette existence dont le cours était depuis longtemps réglé par de grands effets de mise en scène, tantôt triomphaux tantôt lugubres, ne pouvait se terminer sans un ultime spectacle d'une vulgarité criarde, une petite « soirée dansante » fut alors organisée dans le réfectoire de la partie supérieure du bunker. Tous, jeunes et vieux, hommes et femmes, se libéraient de la tension nerveuse accumulée depuis des semaines. Les règles d'une discipline rigoureuse, encore qu'elle se fût nettement relâchée ces derniers temps, cédaient la place à un étrange sentiment de soulagement face à l'imminence de la fin. Les haut-parleurs déversaient de la musique douce qui pénétrait jusqu'aux recoins les plus reculés du labyrinthe souterrain. Un aide de camp fut dépêché en haut pour rétablir le silence ; le Führer, annonça-t-il, était sur le point de prendre congé de la vie. Mais aucun des fêtards, dont la plupart étaient complètement soûls, ne réagit à ce message, et la beuverie se poursuivit comme si de rien n'était.

Ce qui arriva ensuite n'est pas clairement établi. Quelques témoins affirmèrent avoir entendu un unique coup de feu, vers 3 heures et demie du matin. Après avoir pris congé de Hitler, lequel l'avait remerciée en ajoutant qu'il n'avait plus besoin de ses services, la secrétaire Gertraud Junge monta les escaliers pour échapper un instant à l'atmosphère étouffante et mélodramatique du bunker. Sur un palier, elle aperçut soudain les enfants Goebbels ; recroquevillés contre le mur, ils semblaient apeurés et désorientés. Elle alla leur chercher quelque chose à manger et leur lut deux ou trois histoires pour tenter de les divertir, tout en s'efforçant de répondre de son mieux à leurs questions angoissées. Soudain, se souvient-elle, un coup de pistolet retentit ; Helmuth, âgé de neuf ans, s'écria joyeusement : « En plein dans le mille ! » Selon d'autres témoins, il aurait été impossible d'identifier un bruit quelconque à cause du vacarme constant des moteurs diesel et du bourdonnement des ventilateurs.

Pendant tout ce temps, les dignitaires qui avaient participé à la cérémonie des adieux attendaient dans les deux salles de conférences, avec une nervosité et une inquiétude croissantes. Finalement, Linge, qui s'était donné du courage en vidant quelques verres de schnaps à la salle des gardes, se rendit dans l'antichambre de l'appartement de Hitler. Sentant aussitôt, selon ses propres dires, une odeur de poudre, il rejoignit Bormann dans le couloir et lui annonça : « C'est fait, Herr Reichsleiter ! »

Suivis par Günsche, tous deux se rendirent dans la pièce voisine. Tassé sur lui-même, la tête légèrement penchée en avant, les yeux ouverts, Hitler était assis sur le canapé recouvert de tissu à fleurs. Sur sa tempe droite, un trou gros comme une pièce de cinq pfennigs laissait échapper un filet de sang qui coulait sur sa joue. Par terre, il y avait un pistolet Walther de calibre 7,65. Près de l'arme, une flaque s'était formée sur le sol ; le mur du fond était éclaboussé de sang. A côté de Hitler, était affalée Eva Braun, vêtue d'une robe bleue, les jambes repliées sous elle ; ses lèvres serrées étaient bleuâtres. Un autre pistolet, qui lui était manifestement destiné, était posé sur une table proche ; elle ne s'en était pas servie. Un parfum d'amande amère se mêlait à l'odeur de fumée et de poudre. Selon les déclarations de quelques proches de Hitler, celui-ci avait manifestement suivi le conseil d'un des médecins du bunker, le Dr Werner Haase : écraser avec les dents l'ampoule d'acide prussique et se tirer une balle dans la tempe (ou, selon une autre version, dans la bouche). Pour sa part, le général SS Rattenhuber est parvenu à la conclusion, fondée sur diverses rumeurs, que Hitler aurait uniquement pris du poison ; une tierce personne, qui en avait reçu l'ordre au préalable, lui aurait ensuite tiré une balle dans la tempe. Après tant d'années, le déroulement des événements ne peut plus être établi avec certitude.

Il importait de faire vite. Après un moment de désarroi, Günsche salua les corps puis se rendit à la salle de conférences. Se mettant au garde-à-vous, il annonça à ceux qui attendaient : « Le Führer est mort ! » puis tourna les talons. Sans trahir la moindre émotion, Goebbels, Krebs, Burgdorf et les autres le suivirent jusqu'au cabinet de travail de Hitler où Günsche s'employait déjà à envelopper le mort dans une couverture. Aidé par Högl, il porta le cadavre dans la grande salle de conférences en passant devant le petit groupe désormais sans chef ; plusieurs témoins devaient se souvenir que les jambes pendaient en dehors de la couverture et se balançaient à chaque pas des porteurs. Ils étaient suivis par Bormann qui portait la dépouille d'Eva Braun.

Goebbels fut le premier à retrouver l'usage de la parole. Il allait sortir du bunker, déclara-t-il, aller vers son ministère de la Wilhelmplatz et marcher jusqu'à ce qu'une balle mette fin à sa vie. Pendant que tous, émus et se sentant un peu coupables, parlaient de ce qui était arrivé et discutaient avec anxiété de la suite des événements, Erich Kempka, le responsable du parc automobile, fit brusquement irruption dans la pièce. Ignorant ce qui s'était passé, il demanda des explications à Günsche : que signifiait cette pagaille ? Et pourquoi avait-il demandé de livrer des bidons d'essence sous les tirs de l'artillerie, était-il devenu fou ? Günsche le prit à part et, pas encore revenu de son effroi, lui dit d'une voix mal assurée : « Le Chef est mort ! » Kempka le regarda avec effarement. « Comment cela a-t-il pu arriver ? demanda-t-il selon sa propre déposition. Je lui ai parlé pas plus tard qu'hier ! Il était en bonne forme et parfaitement lucide. »

Le premier choc passé, Kempka aida les autres à monter l'escalier avec le cadavre de Hitler, tandis que Günsche se chargeait du corps d'Eva Braun, alias madame Hitler. Arrivés en haut, Linge, Högl et ceux qui les accompagnaient ne sortirent pas tout de suite dans les jardins, car les tirs étaient trop violents. Après quelques tentatives infructueuses, ils réussirent à poser les corps à quelques mètres de l'entrée du bunker. Bormann s'avança, rabattit la couverture sur le visage de Hitler, puis, après s'être recueilli quelques secondes, se hâta de rejoindre les autres en haut de l'escalier. Malgré les tirs incessants, les incendies qui faisaient rage tout autour, les éclats de béton et les mottes de terre qui volaient en tous sens, ils réussirent finalement à vider une dizaine de bidons d'essence sur les cadavres. Ils essayèrent ensuite d'y mettre le feu avec des allumettes, mais le vent soulevé par les incendies les éteignaient tout le temps. Pour en finir, Günsche avait déjà préparé une grenade à main, mais Linge sortit de ses poches quelques vieux formulaires et en fit une sorte de torche. Lorsque les tirs se calmèrent un moment, il l'alluma et la lança sur les corps.

Aussitôt, une grande flamme s'éleva, accompagnée d'une forte déflagration. Les hommes se redressèrent. L'un après l'autre, ils montèrent jusqu'à la dernière marche et, au garde-à-vous, firent le salut hitlérien. Le brasier était entouré d'une épaisse fumée noire, de cendres et de débris divers tourbillonnant dans l'air. Entrouvrant une dernière fois la porte, ils virent les corps se recroqueviller et des membres, tantôt un bras, tantôt une jambe, se dresser soudain au milieu des flammes.

Au même moment, non loin de là, des forces soviétiques prenaient d'assaut le Reichstag, défendu par une garnison qui leur opposait une résistance opiniâtre. Pour une raison qui n'a jamais été éclaircie, mais qui avait sans doute un rapport avec l'incendie du Reichstag en février 1933 et avec le procès des prétendus incendiaires communistes qui s'était ensuivi, les autorités soviétiques avait décidé que la ruine dévastée de la Königsplatz, et non la chancellerie ou la Porte de Brandebourg, était le symbole de Berlin et du pouvoir national-socialiste. Sur le front de l'Oder, diverses unités avaient déjà reçu des drapeaux spécialement destinés à fêter la prise du « Kremlin allemand ».

Avant les premières lueurs du jour, les troupes soviétiques s'étaient apprêtées à attaquer le bâtiment aux fenêtres murées, mais les violents tirs allemands, venant notamment des ruines de l'opéra de Kroll, avaient momentanément stoppé leur avance. A grand renfort de blindés, de pièces d'artillerie et de lance-grenades en partie installés dans les étages supérieurs du ministère de l'Intérieur, situé face au Reichstag, ils avaient poursuivi leur offensive toute la matinée sans parvenir à dépasser le tunnel du chemin de fer qui était inondé. Vers midi, un nouvel assaut, préparé par des tirs d'artillerie massifs, échoua de nouveau. Sur ce, le commandement soviétique décida d'attendre le crépuscule pour repasser à l'attaque. Cette fois, un petit détachement réussit à atteindre l'esplanade du Reichstag. En utilisant deux mortiers aux canons abaissés, les soldats ouvrirent une brèche dans le mur. D'autres unités de l'Armée rouge ne tardèrent pas à pénétrer dans le grand hall ; dans l'obscurité quasi totale, ils réussirent à se rendre maîtres de l'édifice au terme de sanglants combats au corps à corps.

A minuit, heure de Moscou, l'« étendard n° 5 » du 69e corps d'armée de la Garde, qui avait conduit l'assaut, fut hissé sur le toit du Reichstag par un petit détachement de soldats d'élite, tous membres du parti. Il apparut bientôt que, quelques minutes auparavant, deux ou trois artilleurs avaient déjà fixé un autre drapeau sur le bâtiment, mais leur exploit non programmé ne fut pas reconnu. La photographie prise par la suite à la lumière du jour n'est qu'une reconstitution du « grand moment historique » montrant de nouveau l'escouade « officielle » en train de hisser le drapeau soviétique. Déformant la réalité des faits et s'exprimant sur un ton aussi « poétique » qu'imprécis, le général Perevjorkine, commandant des forces qui s'étaient emparées du Reichstag, écrit dans son rapport : « Le soir venu, alors que le soleil couchant teintait tout l'horizon de rouge, deux de nos soldats ont hissé le drapeau de la victoire sur la coupole ravagée par les incendies. »

En réalité, la bataille de Berlin n'était pas terminée. Des combats très durs se poursuivirent jusqu'au 2 mai en début d'après-midi, notamment dans le dédale des caves et des passages souterrains où les soldats soviétiques, avançant dans une presque complète obscurité, tiraient parfois sur leurs propres camarades. Lorsque les défenseurs furent à court de munitions, ils continuèrent à se battre au corps à corps avec des couteaux, des bêches et les crosses de leurs fusils. Sous terre, la mêlée sanglante se poursuivait alors que les travaux de déblaiement de la Pariser Platz avaient déjà commencé et que plusieurs soldats de l'Armée rouge gravaient leurs noms sur les murs des étages supérieurs du Reichstag. Finalement, tandis que des Berlinoises recrutées par l'armée victorieuse commençaient à balayer la chaussée avec des rameaux de bouleau, les forces soviétiques nettoyèrent les souterrains au lance-flammes, mettant ainsi fin aux combats.

Mais non à la guerre. Les Soviétiques proclamaient depuis des semaines que la prise du Reichstag signalerait la fin de des hostilités, mais cela n'avait qu'une valeur symbolique. Le 30 avril, le maréchal Joukov avait demandé au général Tchuikov si Berlin serait entièrement conquise pour la fête du 1er Mai ; ce dernier avait répondu que la résistance allemande, d'une vigueur inattendue, ne permettait pas d'espérer une capitulation aussi rapide. Les erreurs tactiques des collines de Seelow continuaient à se faire sentir.

Au cours de l'après-midi, il fallut de nouveau demander de l'essence à Rattenhuber, car les corps déposés près de l'entrée du bunker n'étaient pas entièrement calcinés. Dès qu'elle fut livrée, quelques sentinelles furent envoyées en haut ; elles arrosèrent d'essence ce qui restait des cadavres et en jetèrent des bidons entiers depuis l'entrée du bunker. En début de soirée, le sergent SS Hermann Karnau alla inspecter l'endroit où Hitler et Eva Braun avaient été incinérés, il ne restait plus que des ossements. Lorsqu'il voulut les enfoncer dans la terre avec le pied, ils tombèrent en poussière, formant un tas de cendres grisâtres. Pour bien s'assurer qu'il ne subsistait rien des corps, il se rendit de nouveau sur place vers 8 heures du soir, mais ne vit que « des flocons emportés par le vent », comme il le déclara dans sa déposition.

La suite demeure incertaine. A en croire Günsche, ce dernier avait chargé en début de soirée un sous-officier SS de faire disparaître les derniers restes de Hitler et d'Eva Braun ; peu après, celui-ci l'avait informé que sa mission était accomplie. Il n'en reste pas moins inexplicable que ni Günsche ni l'un des autres responsables ne se soit assuré personnellement que les ordres de Hitler avaient été pleinement exécutés. Pas même le général Baur, auquel Hitler avait fait promettre de veiller à ce qu'il ne subsiste aucune trace des corps. Seul Bormann et Rattenhuber, a affirmé un témoin, firent une brève apparition à la sortie du bunker après la tombée du jour. Selon un autre témoignage, les restes calcinés furent poussés sur une toile de tente en pleine nuit, vidés dans un cratère d'obus proche, puis recouverts de terre, le monticule étant ensuite tassé et aplani à l'aide d'un pieu. Personne ne peut cependant certifier qu'il aurait été possible d'effectuer une tâche aussi complexe sous les tirs incessants de l'artillerie.

Selon le propre témoignage de Rattenhuber, lorsqu'il se rendit à une heure tardive sur le lieu de l'incinération, il aurait dit en pleurant : « Dix années durant j'ai servi le Führer, et regardez où il est... » Effectivement, la transition n'aurait pu être plus brutale. Dans une de ses envolées pathétiques, Hitler avait déclaré qu'il souhaitait être inhumé au sommet du clocher qui dominerait la rive du Danube et les quartiers rénovés de sa ville natale de Linz. Et maintenant, il reposait dans les jardins labourés par les tirs de la chancellerie en ruines, enterré sous des débris de béton pulvérisés par les obus, des monceaux de gravats et d'ordures de toute sorte.

6

La volonté de disparaître

Seule la fin d'une vie ou d'un événement historique, a-t-on dit, fait apparaître au grand jour les mobiles profonds qui l'ont déterminé. Une des questions que soulève la disparition de Hitler est de savoir si, au moment où une balle de pistolet mit fin à ses jours l'après-midi du 30 avril 1945, il considérait que sa carrière avait abouti à un échec. La réponse n'est pas aussi évidente qu'on pourrait le croire, et tous les observateurs attentifs ont exprimé des doutes à ce sujet.

Les derniers mois précédant mai 1945 ne furent pas seulement marqués par les horreurs qui accompagnent inévitablement une défaite totale : villes détruites, millions de réfugiés sur les routes, chaos généralisé. Jusqu'à ses derniers soubresauts, le Reich, manifestement vaincu depuis longtemps, avait en effet témoigné d'une énergie et d'une volonté qui avaient non seulement prolongé la guerre, mais veillé à ce que le pays entier sombre en quelque sorte corps et biens.

Dès l'automne 1944, alors que les Alliés se rapprochaient des frontières allemandes sur tous les fronts, Hitler avait donné une série d'instructions étendant au territoire du Reich le principe de la « terre brûlée », déjà appliqué plus ou moins rigoureusement par les forces battant en retraite à l'ouest et surtout à l'est. Le dictateur ordonna avec une insistance croissante la destruction de toutes les installations nécessaires à la vie : usines et centrales électriques, réseaux de canalisations, voies ferrées et liaisons téléphoniques ; tous les ponts devaient sauter, toutes les fermes devaient être incendiées. Tout devait disparaître, y compris les œuvres d'art et les monuments historiques. Quelques mois plus tard, le 19 mars 1945, Hitler avait réitéré et renforcé son intention de créer « un désert où toute trace de civilisation aurait disparu » dans un ordre dont l'intitulé était d'une simplicité éloquente : « Mesures de destruction sur le territoire du Reich. » Cet ordre, souvent qualifié de « néronien », disait notamment : « Sur l'ensemble du territoire du Reich, toutes les installations et équipements militaires, de transport, de transmission de l'information, les usines et entrepôts, ainsi que les biens et objets de valeur devront être détruits. » Plusieurs décrets précisaient les modalités d'application.

En de nombreux endroits, les responsables locaux s'employèrent sans tarder à démanteler les usines, à détruire les exploitations agricoles, les infrastructures routières et les dépôts de vivres, à faire sauter les voies ferrées et à rendre les voies d'eau inutilisables en y coulant des péniches chargées de ciment. Parallèlement, comme ce fut déjà le cas lors des percées américaines à l'ouest, l'évacuation de villes et de régions entières fut décrétée, bien que le flot anarchique des réfugiés créât une confusion inimaginable jusque dans les zones proches du front, ce qui gênait gravement les opérations militaires. Lorsqu'un général tenta de convaincre Hitler de revenir sur ce « décret d'évacuation », car il était impossible de jeter sur les routes des centaines de milliers de personnes sans leur fournir ni moyens de transport ni approvisionnement, le dictateur se détourna sans un mot. Un ordre dit « des drapeaux » ordonnait de fusiller sur-le-champ tous les occupants mâles des maisons qui arboraient un drapeau blanc. Une instruction datée de fin mars précisait que les combats devaient « prendre une dimension fanatique » : « Dans ce contexte, il est actuellement impossible de ménager la population. »

Ce serait une erreur d'interpréter ces ordres comme un moyen désespéré d'arrêter ou de ralentir l'avance d'un adversaire infiniment supérieur. Ce type de mesures avait toujours constitué pour Hitler un moyen d'action privilégié, et ce projet de démolition généralisée n'était rien d'autre que l'expression de sa volonté la plus profonde, de sa voix la plus authentique. Au bord de l'abîme, cette voix se faisait de nouveau entendre, plus impérieuse que jamais. Une des premières chansons de lutte du jeune mouvement national-socialiste parlait déjà de tout « détruire ». Après la prise du pouvoir, ce nihilisme avait été étouffé par les slogans parlant d'honneur de la nation, par les assurances pacifistes, puis, pendant les premières années de guerre, par la bruyante fanfare des communiqués spéciaux annonçant les victoires. Dès les années 30, les adversaires du régime avaient prophétiquement détourné le refrain de la chanson : « Aujourd'hui, nous conquérons l'Allemagne et demain, le monde entier ! » en replaçant « conquérons » par « détruisons ». Avec l'ordre de la « terre brûlée », ce projet apocalyptique revenait au premier plan.

En dépit de tous les déguisements tactiques, surtout pendant les années de paix, cette volonté de destruction était restée très active, comme en témoignent en particulier les reproches que se faisait Hitler jusqu'à la fin d'avoir été trop faible et trop conciliant, ou le regret exprimé par Goebbels de n'avoir pas davantage « cassé » de choses. A l'occasion de la conférence du 27 avril, une des questions abordées avait trait à ce qu'il convenait de faire après la « victoire finale ». Le général SS Wilhelm Mohnke, commandant de la « citadelle » de Berlin, s'était tourné vers Hitler et avait fait cette remarque qui pouvait sembler cynique : « Ce que nous voulions en 1933, nous ne l'avons pas entièrement fait, mein Führer ! » Mais Mohnke n'était pas un cynique, et la situation ne se prêtait guère au sarcasme, fût-il amer. Membre de la garde prétorienne et défenseur particulièrement radical du régime et de ses idéaux, Mohnke avait au contraire exprimé ce qui se cachait derrière la résolution affichée d'œuvrer pour le « salut du monde » : la volonté de destruction effrénée qui constituait la seule « vérité » de Hitler et de ses conjurés et adeptes. Dès le début de leur ascension, ils avaient eu besoin de trouver des ennemis pour se définir eux-mêmes ; sans ennemis, ils n'existaient pas, et quand il n'y en avait pas, ils avaient fait tout leur possible pour en inventer. Ils n'avaient que trop bien réussi.

En ce qui concerne Hitler, il ne ressentait pas seulement de l'amertume et de l'effroi, loin de là. Au moment où tout s'effondrait autour de lui, le désir de s'affirmer et d'assouvir ses aspirations les plus profondes reprirent plus que jamais le dessus, le poussant à mettre en scène la défaite imminente pour en faire un grand spectacle apocalyptique. Dès le mois de mars, Goebbels avait déclaré à l'occasion d'une conférence de presse : « S'il est écrit que nous devons sombrer, le peuple allemand tout entier sombrera avec nous, mais d'une manière tellement glorieuse que dans mille ans encore, la chute héroïque des Allemands occupera la première place dans l'histoire mondiale. »

Créer un mythe qui s'incrusterait dans la conscience du monde, tel était le second mobile qui déterminait les actes de Hitler et de ses principaux acolytes. Pour organiser cette fête de la mort digne de chefs de tribus préhistoriques, ils n'hésitèrent pas à sacrifier d'innombrables vies humaines. Les statistiques concernant les dernières semaines de la guerre font état de plusieurs dizaines de milliers de victimes par jour. La 9e armée encerclée depuis longtemps, à laquelle Hitler avait à plusieurs reprises refusé l'autorisation d'effectuer une percée, et qui fut inutilement sacrifée fin avril, n'est qu'un exemple parmi d'autres. Incomparablement plus grave et plus meurtrier fut le « combat d'annihilation idéologique » mené à l'est, qui donna le signal des mesures d'extermination massive visant les races dites inférieures — en premier lieu les Juifs, mais aussi les Slaves.

Le régime appliqua ces mesures avec d'autant plus de férocité et de méthode que la situation devenait plus désespérée. Il s'efforça même de prolonger cette volonté d'annihilation par-delà sa propre fin. L'amiral Dönitz, qui se considérait pourtant comme un commandant « correct mais strict », n'hésita pas à féliciter des assassins. Dans un « ordre du jour secret » daté du 19 avril 1945, il avait assuré un sous-officier de la Marine de « toute sa considération » et l'avait cité en exemple : dans un camp de prisonniers australien, le sous-officier en question avait « méthodiquement préparé, à l'insu des gardiens, l'assassinat » de plusieurs autres prisonniers allemands qui n'avaient pas caché leur opposition à Hitler. Ce n'était d'ailleurs pas un cas isolé. Beaucoup de faits portent à croire que la volonté de destruction et d'annihilation de Hitler était partagée par un nombre croissant d'Allemands maintenant que la fin était proche. D'innombrables discours et entretiens tournaient autour de l'alternative « dominer le monde ou périr ». En réalité, cette alternative n'avait jamais existé. L'unique objectif était la destruction sous toutes ses formes.

Les accès de désespoir des dernières semaines ne peuvent tromper qu'un observateur superficiel, de même que les manœuvres illusoires avec des armées fantômes, les absurdes proclamations de victoire ou l'espoir maintes fois exprimé de prolonger sa propre vie, ne serait-ce que de quelques jours. Tout cela jouait un rôle, certes, mais ce qui l'emportait, c'était la haine du monde et de la vie, la pulsion de destruction manifeste dans tous les ordres donnés par Hitler, surtout depuis le début de la guerre, quand plus aucune considération tactique, qu'elle fût d'ordre humanitaire ou politique, ne le refrénait. Selon le témoignage de Franz Halder, qui fut quelque temps chef d'état-major général, Hitler avait exigé pendant la campagne de Pologne que Varsovie, pourtant prête à se rendre, fût bombardée, puis avait observé avec avidité les images de destruction à travers ses jumelles. Par la suite, il avait également envisagé de raser Paris, sans même parler de Moscou et de Léningrad, et avait imaginé avec jouissance (le terme n'est pas trop fort) les conséquences d'un bombardement aérien ou d'une attaque de fusées sur les rues et les gratte-ciel de Manhattan.

Une trop grande partie de cette pulsion de destruction n'avait pas pu être actualisée. Et maintenant, au moment où le Reich volait en éclats, ce besoin impérieux s'affirmait de nouveau et avait une dernière chance de se réaliser. Il ne semble guère douteux que les événements cataclysmiques des dernières semaines lui procurèrent une satisfaction plus profonde que les victoires éphémères de jadis. Il avait accueilli les destructions causées par les bombardements en faisant observer que les flottes aériennes alliées n'avaient certainement pas respecté les plans de réaménagement des principales villes allemandes, mais que c'était un bon début — remarque qui pouvait sembler ironique, mais était en fait d'un sérieux absolu.

Il est sans doute permis de supposer que Hitler aurait préféré pour ce dernier acte une mise en scène plus grandiose et moins improvisée, digne d'un opéra wagnérien, avec davantage de pathos, d'horreur sanglante et de fanfares apocalyptiques. Ce n'en fut pas moins un adieu mémorable. La gloire qu'il avait recherchée sa vie durant n'était pas celle d'un grand homme d'Etat régnant sur un pays discipliné et prospère, ni même celle d'un habile stratège et d'un grand conquérant. Sa pulsion de mort et d'annihilation était trop forte pour ces rôles. Adolescent, il avait assisté au poulailler de l'opéra de Linz à une représentation de *Rienzi* ; cet opéra de Wagner est inspiré par l'histoire d'un rebelle et tribun populaire de la fin du Moyen Age qui, brisé par la tragique incompréhension du monde, choisit la mort et l'autodestruction. « C'est à ce moment-là que tout a commencé ! » proclamerait joyeusement Hitler quelques décennies plus tard. Et maintenant, à l'approche de la fin, il ressentait de nouveau une exaltation analogue.

Il serait faux de croire que Hitler s'est « résigné » à se retourner contre son propre peuple — il l'a fait délibérément, et avec une virulence croissante. Le 27 novembre 1941 déjà, lorsque le début de la catastrophe hivernale aux portes de Moscou laissait entrevoir pour la première fois l'éventualité d'une défaite irrémédiable, il avait déclaré à deux visiteurs étrangers que le peuple allemand devait « disparaître et... être annihilé » si un jour il n'était plus « assez fort et prêt au sacrifice », à « verser son sang pour assurer son existence », en ajoutant qu'il « ne verserait pas une larme » sur son sort. Et le 19 mars 1945 il avait dit à Albert Speer « d'un ton glacial » : « Si la guerre est perdue, le peuple allemand est lui aussi perdu. Il est inutile de se préoccuper des conditions qui sont nécessaires à la survie la plus élémentaire du peuple. Au contraire, il est préférable de détruire même ces choses-là. Car ce peuple s'est révélé le plus faible, et l'avenir appartient exclusivement au peuple de l'Est qui s'est montré le plus fort. Ceux qui resteront après ce combat, ce sont les médiocres, car les bons sont tombés. »

Au plus tard depuis la bataille de Stalingrad qui avait marqué le tournant décisif de la guerre, toutes les décisions de Hitler étaient, du moins en partie, motivées par sa haine de ce peuple allemand qui l'avait amèrement déçu. Cette haine avait déterminé toute la stratégie de la dernière phase de la guerre, depuis le refus répété de prévoir des positions de repli alors que les percées des Alliés étaient prévisibles, jusqu'à l'offensive des Ardennes de décembre 1944 pour laquelle il retira du front de l'Est des unités importantes, dans l'espoir que la « menace russe » mobiliserait la volonté de résistance d'une population qui avait perdu tout enthousiasme belliqueux. Deux ans auparavant, il avait déjà annoncé qu'en cas de nécessité il mobiliserait les garçons de quatorze ans, car il valait « mieux, à tout prendre, qu'ils tombent en se battant à l'est, que d'être martyrisés ou réduits à la condition d'esclave en cas de défaite ». A l'ouest, avait-il ajouté avec indignation, les gens démontaient les barrages antichars et, en dépit des interdictions répétées et des menaces de châtiment, mettaient des drapeaux blancs à leurs fenêtres, sans compter qu'un corps d'armée entier avait disparu sans laisser de traces ; tous ces comportements étaient « ignominieux ». Quant aux rares opérations militaires encore en cours, elles ressemblaient de plus en plus à des expéditions punitives contre le peuple allemand. Ainsi qu'il l'avait prédit quatre ans auparavant, celui-ci devait « disparaître et être annihilé », et Hitler lui-même, obéissant aux « règles éternelles » de la lutte pour la survie, y contribuerait du mieux qu'il pourrait.

Il semble donc avéré que cette pulsion nihiliste, ce désir de sombrer dans le néant, fut le principal moteur des actes de Hitler qui lui permit paradoxalement de « tenir le coup » jusqu'au tout dernier moment. De fait, la fragilité physique décrite par tous les témoins — dos courbé, démarche incertaine, voix de plus en plus faible — forme un contraste apparemment absurde avec l'énergie mentale de Hitler et sa capacité intacte d'imposer sa volonté, dont font état les mêmes observateurs : une « ruine engloutissant des gâteaux » pour citer un des occupants du bunker, mais qui possédait encore et toujours une autorité et une force de persuasion indubitables, comme en témoignent les exemples suivants. Vers la mi-mars, le gauleiter de Dantzig, Forster, se présenta au bunker, complètement désespéré et en proie à la panique. En attendant d'être reçu par le « Führer », il confia à un assistant que les Russes, avec une puissante armée et plus de mille blindés, aprochaient de la ville, déclarée forteresse mais totalement incapable de se défendre ; les Allemands disposaient en tout et pour tout de quatre chars « Tigre » opérationnels ; il allait dire à Hitler que la situation était sans espoir et lui demander de prendre une décision sans ambiguïté. Après avoir été brièvement reçu par Hitler, Forster sortit du bureau de celui-ci « complètement transformé » ; le Führer, déclara-t-il, allait sauver Dantzig, cela ne faisait « aucun doute ». De même, le général SS Karl Wolff, qui était venu voir Hitler le 18 avril dans un état d'esprit similaire, renonça à lui faire part de ses difficultés lorsque Hitler lui eut exposé ses grandioses projets d'avenir.

Dans l'ensemble, l'observateur est néanmoins frappé par l'attitude complètement figée de Hitler en matière de politique. En dépit de toutes ses acrobaties rhétoriques, il était manifestement incapable de voir plus loin que les objectifs militaires immédiats. Tout au long des années 30, il avait remporté des victoires successives grâce à des « manœuvres-surprises » accompagnées d'un mélange de menaces et de promesses de modération. Ce procédé lui avait permis d'atteindre très rapidement son premier objectif, détruire la cohésion des puissances européennes. Dès la fin de 1937, pourtant, son comportement semble indiquer que ces succès trop faciles ne lui suffisaient pas et qu'il allait en revenir au « principe » de l'attaque à tout prix, principe auquel il avait obéi toute sa vie, comme il s'en vanta dans un discours.

Quoi qu'il en soit, Hitler ne prit plus une seule initiative politique digne de ce nom, même avant le début de la guerre. Il accueillit avec dédain et arrogance le geste d'une lâcheté sans précédent des puissances occidentales lors de la conférence de Munich de 1938, se contentant de manifester une certaine irritation car cela lui avait gâché le plaisir d'une guerre qu'il aurait préféré déclencher sans plus attendre. Ensuite, notamment après les victoires remportées d'abord sur la Pologne, puis l'année suivante sur la France, il eut à plusieurs reprises la possibilité d'assurer au Reich une sorte d'hégémonie sur l'Europe. Mais Hitler ne fit rien pour saisir l'occasion qui s'offrait à lui. On aurait pu croire que ses victoires militaires le plongeaient dans la perplexité, car une situation sans guerre ne pouvait lui apporter aucune satisfaction.

La conviction qu'une longue période de paix ne « serait pas profitable », comme il le déclara à ses généraux en août 1939, explique sans doute son abstention politique totale des années qui suivirent. Toutes les tentatives de son entourage, ainsi que d'hommes politiques étrangers tels que Mussolini, Horthy ou Laval, de l'amener à considérer les possibilités diplomatiques offertes par la situation militaire restèrent sans effet. A diverses reprises, surtout depuis le tournant de la guerre au cours de l'hiver 1942-1943, il tenta sans doute de justifier la poursuite des hostilités par la nécessité de briser la « coalition absurde entre bolchevisme et capitalisme » ; lorsque cet objectif serait atteint, certainement très prochainement, viendrait le moment des négociations — mais pas avant. Pourtant, chaque fois que se présentait l'occasion de diviser les deux camps ennemis, il ne fit rien pour en tirer profit. Dans son Journal, Goebbels note avec contrariété qu'il faisait tout son possible pour le convaincre, mais qu'on avait « parfois l'impression qu'il avait la tête dans les nuages ». Sebastian Haffner en a conclu que l'imagination constructive caractérisant le véritable homme d'Etat manquait totalement à Hitler et que, en tout cas à partir de la fin des années 30, il avait également perdu toute souplesse tactique. Toujours selon Haffner, ce « manque de dons et de talents » serait en dernière analyse à l'origine de son échec.

En allant encore plus loin, il n'est sans doute pas excessif d'estimer que, sa vie durant, Hitler n'a jamais été davantage qu'un chef de gang devenu tout-puissant, un voyou machiavélique rusé et cynique, auquel aucun des politiciens prudents et réfléchis de la scène européenne n'était capable de se mesurer. Cette absence totale de scrupules concernant tout autant les moyens que la fin lui permit précisément de remporter de nombreux succès. Pareil à un chef de bande, ses objectifs se limitaient à écraser l'adversaire et à rafler le butin. Avec une obstination croissante, il s'en prit au monde entier, ou presque. Pourtant, à la stupéfaction de ses généraux (et par la suite de tous les observateurs), il n'avait aucun objectif de guerre tant soit peu précis. En février 1941, alors qu'il se berçait encore de l'espoir illusoire que la campagne de Russie serait victorieusement achevée dès l'automne de la même année, et qu'il était sans doute préoccupé par la paix qui menaçait, il demanda à Jodl de « mettre au point un projet » d'offensive contre l'Afghanistan et l'Inde.

Quiconque demandait à Hitler quel était le but ultime de la guerre obtenait pour toute réponse des tirades aussi lyriques que chimériques sur les « espaces infinis », les inépuisables réserves de matières premières, sur les « peuples auxiliaires » et les « frontières à jamais sanglantes ». Même les remarques faites entre février et avril 1945, qui constituaient une sorte de post-scriptum à ses rêves de domination universelle, ne contiennent pas la moindre indication que les territoires conquis pourraient un jour servir à autre chose qu'à constituer des bases de départ en vue d'autres conquêtes. Opiniâtre et implacable, insatiable mais dénué d'orientation précise, il se réclamait uniquement de la « loi primordiale » du droit du plus fort, loi selon lui oubliée mais qu'il aurait rétablie. En automne 1943, lorsque son ministre des Affaires étrangères lui conseilla de ne pas laisser passer un geste de Moscou indiquant une volonté de paix, Hitler répondit avec un haussement d'épaules : « Vous savez, Ribbentrop, si je m'entends aujourd'hui avec la Russie, je repasserai à l'attaque dès demain — je n'y peux rien, c'est plus fort que moi. »

Hitler a dit à l'occasion qu'il voulait entrer dans l'Histoire comme un homme « tel qu'il n'en a jamais existé ». Les circonstances de sa fin dans la « catacombe » (terme utilisé par un des occupants du bunker), les ordres impuissants et les crises de rage par lesquels il tentait de faire face à la défaite imminente peuvent donner l'impression qu'il était conscient de l'échec irrémédiable de son projet. Cependant, un naufrage en grand style compensait bien des choses, tout en exauçant l'une de ses aspirations les plus profondes. Il est caractéristique que la dernière volonté qu'il eût exprimée et l'ultime symbole de la pulsion qui avait dominé sa vie entière était un ordre de destruction : l'ordre, donné le 30 avril à midi, de brûler son corps.

7

Capitulations

Le soir du 30 avril, lorsque tout fut terminé — les corps avaient été brûlés et les cendres dispersées —, les hauts responsables du régime, désormais sans Führer, se réunirent pour faire le point de la situation. Diverses possibilités furent évoquées ; Bormann proposa ensuite d'effectuer une percée massive en faisant appel aux quelque cent soldats de la Leibstandarte chargés de protéger la chancellerie. Mohnke estima toutefois que ce serait absurde : un tel projet n'avait aucune chance de réussir. Après en avoir longuement discuté, les participants décidèrent qu'il fallait avant tout prendre contact avec le haut commandement soviétique ; le général Krebs fut chargé d'aller voir Tchuikov à Tempelhof.

Krebs se mit en route vers 2 heures du matin. Environ une heure et demie plus tard, il se présentait à l'appartement du Schulenburgring où le général Tchuikov avait installé son quartier général. Pris au dépourvu par cette proposition de négociation imprévue, le commandant soviétique n'avait pas eu le temps de convoquer les membres de son état-major. Il décida par conséquent de recevoir les émissaires allemands en compagnie des deux écrivains avec lesquels il s'apprêtait à dîner, de ses aides de camp et de quelques officiers, en les faisant passer pour son « conseil de guerre ». Parmi les invités se trouvait aussi le compositeur M. I. Blanter que Staline avait chargé de composer une symphonie célébrant la prise de Berlin. S'apercevant au dernier moment que Blanter n'était pas en uniforme, et ne pouvait donc être présenté comme un officier de l'Armée rouge, le général, furieux, l'enferma sur-le-champ dans une armoire de la salle de réunion, en lui ordonnant de ne pas faire le moindre bruit.

Après quelques préambules, Krebs en vint au fait. Précisant au général Tchuikov qu'il était le premier étranger à en être informé, il lui annonça que, la veille, Hitler s'était donné la mort dans le bunker souterrain de la chancellerie avec Eva Braun qu'il avait épousée peu auparavant. Tchuikov, qui ignorait totalement l'existence d'un bunker situé sous la chancellerie et ne savait pas davantage qui était Eva Braun, ne parut guère impressionné et prétendit qu'il était déjà informé du suicide de Hitler. Ensuite, Krebs donna lecture d'un texte rédigé par Goebbels. Dans ce mémorandum, le ministre de la Propagande exposait les dispositions prises par Hitler en vue de sa succession et se déclarait favorable à l'ouverture de « négociations de paix entre les deux pays... qui avaient subi les plus lourdes pertes » au cours de la guerre.

La réaction de Tchuikov fut instantanée. En quelques mots, il balaya cette tentative à la fois trop tardive et trop transparente de briser la coalition des Alliés en engageant des négociations séparées. Il devait néanmoins en informer ses supérieurs, ce qui prit du temps. Contacté à son QG de Strausberg, le maréchal Joukov rejeta fermement toute offre de négociation séparée ; il fit ensuite tirer du sommeil Staline qui lui donna entièrement raison. Une proposition de cessez-le-feu temporaire fut, elle aussi, rejetée ; seule était envisageable, expliqua Tchuikov à Krebs, une capitulation sans conditions, soit de la seule ville de Berlin, soit du Reich tout entier.

Comme dans toute tragédie, il y eut un intermède comique. Quelques heures après le début de l'entrevue, Blanter, qui s'était jusqu'alors tenu raide comme un piquet dans sa cachette, tomba brusquement en avant ; la porte de l'armoire céda sous son poids et il s'étala de tout son long sur le parquet. Des assistants lui prodiguèrent quelques soins, car il s'était évanoui, avant de l'emmener dans une pièce voisine. La conversation reprit comme si de rien n'était, et personne n'offrit la moindre explication. Une longue controverse s'engagea lorsque Krebs déclara qu'il ne pouvait prendre aucune décision concernant la capitulation sans en référer à Goebbels ou à Dönitz. Finalement, on lui remit un document d'une extrême concision, énumérant les conditions posées par les Soviétiques :

« 1. Berlin capitule. 2. Tous les hommes qui se sont rendus doivent déposer les armes. 3. Tous les soldats et officiers auront la vie sauve. 4. Les blessés seront secourus. 5. Des négociations avec les Alliés seront possibles par radio. »

Tchuikov précisa que si ces conditions n'étaient pas remplies, les combats reprendraient aussitôt avec la même vigueur. Environ douze heures après son arrivée au QG de Tchuikov, Krebs se prépara à regagner la chancellerie.

Goebbels prit connaissance de ce document avec une indignation croissante. Des années auparavant, déclara-t-il, il avait pris Berlin aux Rouges, et il « défendrait la ville contre les Rouges jusqu'à son dernier souffle ». Il ajouta qu'il « n'utiliserait pas les quelques heures qui lui restaient à vivre pour apposer, en [sa] qualité de chancelier du Reich allemand, [sa] signature en bas d'un acte de capitulation ». Face au désarroi des assistants qui discutaient avec excitation et étaient en désaccord sur à peu près tous les points, sauf sur la rupture immédiate de toute négociation avec l'adversaire, un haut fonctionnaire du ministère de Goebbels, Hans Fritzsche, prit l'initiative de présenter une offre de capitulation.

Fritzsche se rendit dans son bureau de la Wilhelmplatz et commença à rédiger un texte adressé au maréchal Joukov. Il n'avait pas encore terminé lorsque le général Burgdorf fit soudain irruption dans la pièce ; complètement ivre et écumant de rage, il demanda à Fritzsche s'il avait réellement l'intention de livrer la capitale aux Russes. Sur la réponse affirmative du fonctionnaire, Burgdorf cria qu'il méritait la mort. L'ordre du Führer interdisant toute forme de capitulation était toujours en vigueur, sans compter que Fritzsche, en sa qualité de civil, n'était pas habilité à négocier. D'une main mal assurée, le général leva son pistolet, mais le technicien radio qui avait conduit Burgdorf jusqu'au bureau de Fritzsche, et qui était resté près de la porte, lui arracha l'arme au dernier moment ; le coup partit, mais la balle s'enfonça dans le plafond. Peu après, Burgdorf fut maîtrisé par quelques employés du ministère attirés par le bruit, puis ramené au bunker de la chancellerie.

Ce problème étant réglé, Fritzsche envoya deux de ses collaborateurs au quartier général soviétique, et il les suivit peu de temps après. Rien n'illustre mieux la confusion régnant dans la capitale (où les combats se poursuivaient avec acharnement, du moins dans certains secteurs) que l'accord qui fut rapidement conclu entre Fritzsche et le haut commandement soviétique. Au nom du gouvernement allemand, Fritzsche, qui n'avait pourtant aucune qualité donnant un caractère officiel à son acte, devait annoncer à la radio que les autorités soviétiques avaient accepté l'offre de capitulation ; il devait en outre « ordonner » à tous les soldats allemands de déposer les armes et de se constituer prisonniers.

Sur ces entrefaites, le général Weidling, commandant de la place de Berlin, s'était lui aussi résolu à mettre un terme à ces combats meurtriers, depuis longtemps devenus inutiles. Afin d'éviter toute contradiction, il n'avait informé de son dessein que quelques rares occupants du bunker. Il ne connaissait que trop bien les vues de Goebbels ; quant au général Krebs, il lui avait encore dit tout récemment : « Il n'existe que des hommes désespérés, pas de situations désespérées. »

Le soir du 1er mai, Weidling ordonna à ses forces de mettre fin aux combats. Quelques minutes après minuit, il adressa à cinq reprises un message radiodiffusé aux commandants soviétiques : « Ici le 56e corps blindé allemand, ici le 56e corps blindé ! Nous vous demandons d'arrêter les tirs ! A 2 h 50, heure de Berlin, allons envoyer des négociateurs par le pont de Potsdam. Signe de reconnaissance, drapeau blanc et lumière rouge. Attendons votre réponse ! »

Les officiers soviétiques qui avaient capté le message ne tardèrent pas à réagir : « Compris ! Compris ! Transmettons votre demande au chef d'état-major. » Peu après, Tchuikov donna son accord également par radio. A l'heure indiquée, Weidling, accompagné de trois officiers de son état-major, arriva au Schulenburgring. Lorsque Tchuikov lui demanda ce que faisait Krebs et s'il était au courant de sa démarche, Weidling ne put lui donner aucune précision. Ensuite, Tchuikov voulut savoir si toutes les unités allemandes avaient été informées de son ordre de cesser le feu ; Weidling lui dit qu'il n'avait aucun contact avec certains groupes isolés et que, par ailleurs, les unités de SS ne relevaient pas de son commandement. Il était probable, ajouta-t-il, qu'en certains endroits les combats continuaient uniquement parce que Goebbels avait ordonné de tenir secrète la mort de Hitler, du moins provisoirement, afin de ne pas affecter le moral des troupes. Sur ce, Tchuikov lui demanda de rédiger un ordre de capitulation, mais Weidling refusa : étant en quelque sorte prisonnier, il ne pouvait pas donner d'ordres, expliqua-t-il. Exténué par ces discussions qui n'en finissaient pas, Weidling s'effondra, à bout de nerfs. Dès qu'il eut repris ses esprits, il accepta finalement de préparer un appel qui serait diffusé par haut-parleurs dans toutes les zones où les combats se poursuivaient. Weidling rédigea le texte suivant :

« Berlin, le 2 mai 1945. Le 30 avril 1945, le Führer s'est suicidé, abandonnant tous ceux qui lui avaient juré fidélité. Obéissant aux ordres du Führer, vous, soldats allemands, étiez prêts à continuer les combats à Berlin en dépit du manque croissant de munitions et d'une situation générale qui rendait inutile toute poursuite de la résistance. J'ordonne l'arrêt immédiat de toute forme de résistance. Si vous continuez à vous battre, chaque heure prolonge les terribles souffrances de la population civile de Berlin et de nos blessés. En accord avec le haut commandement des forces soviétiques, je vous demande instamment de cesser immédiatement les combats. Weidling, ex-commandant du périmètre défensif de Berlin. »

Pour les petits groupes confus et désorganisés, ressemblant davantage à des corps francs qu'à des unités de l'armée régulière, ce fut le premier signal de la reddition. La veille, Goebbels et Bormann s'étaient enfin résolus à mettre Dönitz au courant de la mort de Hitler. Le soir du 30 avril, il avait seulement été informé, à tort, qu'il avait été désigné pour succéder au Führer à la place du Reichsmarschall Göring tombé en disgrâce. En réalité, Hitler avait nommé l'amiral président du Reich et commandant en chef de la Wehrmacht — mais non chancelier. Le but que poursuivaient Goebbels et Bormann n'était pas simplement de cacher le plus longtemps possible la mort de Hitler. Leurs manœuvres tortueuses étaient déterminées par la lutte habituelle pour le pouvoir. Ils craignaient surtout que Himmler, qui s'était lui aussi réfugié dans le Schleswig-Holstein, ne profite du fait que Goebbels, enfermé à Berlin, ait perdu sa capacité d'agir pour demander à Dönitz de le nommer chancelier. Leur calcul était que l'amiral Dönitz ne céderait pas aux exigences de Himmler tant qu'il était persuadé qu'il avait lui-même été nommé chancelier par le Führer.

Cela fait, Goebbels entreprit de régler quelques ultimes affaires concernant la chancellerie. Il eut deux ou trois entretiens, signa quelques documents, puis se retira pour mettre un point final à son Journal qu'il rédigeait depuis des années. Il conclut sur une sorte de bilan — un manifeste long de sept pages, dans lequel il tentait de justifier la politique qu'il avait menée avec Hitler des années durant, et au service de laquelle il avait mis toute la puissance de son discours.

Au bout d'une heure environ, Goebbels sortit de sa chambre et confia le manuscrit à son secrétaire d'Etat Werner Naumann, en lui demandant de le faire sortir de Berlin afin de le préserver pour la postérité. Cette mission posthume ne fut d'ailleurs pas exécutée car Naumann — c'est du moins ce qu'il affirme — perdit les feuillets au cours de sa fuite mouvementée. Il est néanmoins facile de reconstituer les grandes lignes de ce plaidoyer, en se fondant sur les textes écrits par Goebbels au fil des ans, dans un langage de plus en plus virulent.

Il est fort probable qu'il commença une fois de plus par la liste des arguments qui lui avaient toujours servi à justifier son action et celle de Hitler : volonté de défendre la culture européenne alliée à la condamnation d'un Occident qui, poussé par sa haine aveugle du Reich allemand, avait nié les terribles dangers qui le menaçaient, livrant ainsi l'Ancien Continent aux hordes asiatiques ; critique acerbe du peuple allemand lui-même qui non seulement était affaibli par la trahison permanente de son élite traditionnelle mais s'était montré incapable de faire face aux exigences de la guerre totale, et ainsi de suite. Ces arguments étaient soulignés par des images hautes en couleur du combat planétaire opposant les forces lucifériennes de l'abîme aux légions de l'ordre et de la justice, conduites par le Führer Adolf Hitler, à la fois chef de guerre génial et messie inspiré. Comme toujours, Goebbels faisait certainement appel aux tournures et métaphores bibliques qui lui avaient déjà permis d'ériger le mythe du Führer tout-puissant. Bientôt — prophétisait-il sans doute sans craindre de blasphémer —, lorsque l'Europe serait devenue bolchevique, les hommes se souviendraient avec nostalgie du Führer, qui était une nouvelle fois monté au Golgotha, sacrifiant sa vie pour le rachat du genre humain...

Dans la soirée, Magda Goebbels gagna son appartement de la partie supérieure du bunker. A plusieurs reprises, elle avait consulté le Dr Stumpfegger, un des médecins personnels de Hitler, ainsi que le Dr Kunz, des services sanitaires de la SS, pour déterminer le meilleur moyen de tuer ses enfants rapidement et sans douleur. Elle avait également confié à Hanna Reitsch une lettre destinée à son fils issu de son premier mariage, Harald Quandt, lettre qui s'efforçait de justifier sa décision. Elle avait résolu, écrivait-elle, de donner à sa vie de nationale-socialiste « la seule fin qui fût digne et honorable ». Elle poursuivait : « Je veux que tu saches que je suis restée avec papa contre la volonté de celui-ci ; dimanche dernier encore, le Führer a voulu m'aider à sortir d'ici. Mais je n'ai pas connu un instant d'hésitation. Notre merveilleuse idée est réduite à néant ; avec elle disparaît tout ce que j'ai connu de beau, d'admirable, de noble et de bon dans ma vie. Le monde qui viendra après le Führer et le national-socialisme ne mérite pas qu'on y vive. C'est pour cette raison que j'ai emmené les enfants ici. La vie qui viendra après nous n'est pas digne d'eux ; Dieu miséricordieux comprendra que je leur apporte moi-même la délivrance. » Mettre volontairement un terme à sa vie et à celle des siens était une « faveur du destin » qu'elle n'avait jamais osé espérer.

Dans un bref post-scriptum, Goebbels lui-même avait ajouté qu'ils voulaient tous donner un exemple qui permettrait à l'Allemagne de se relever lorsque cette guerre effroyable serait enfin terminée. Lui, son beau-fils, ne devrait pas se laisser troubler par le « vacarme du monde... Un jour, les mensonges tomberont d'eux-mêmes, et la vérité triomphera. Ce sera l'heure où nous dominerons tout, purs et immaculés... ».

Le soir du 1er mai, Magda Goebbels mit ses enfants au lit après leur avoir fait boire une tisane contenant un somnifère ; peut-être leur fit-elle aussi administrer une injection de morphine. Ensuite, en présence du Dr Stumpfegger, elle versa goutte à goutte de l'acide cyanhydrique dans leurs bouches maintenues ouvertes. Il semble que seule Helga, sa fille aînée, qui avait à plusieurs reprises manifesté des craintes concernant leur sort, se soit débattue ; les ecchymoses que présentait le corps de la jeune fille de douze ans permettent de supposer que le poison ne put lui être administré sans recourir à la violence. Le teint gris, Magda Goebbels alla rejoindre son mari qui l'attendait en bas du bunker et lui dit simplement : « C'est accompli », puis se retira dans sa chambre et, le visage baigné de larmes, sortit les cartes et se mit à faire une réussite.

Un peu plus tard, Martin Bormann et Artur Axmann vinrent la saluer. Magda Goebbels les invita à entrer : « Passons encore une fois un moment ensemble, leur dit-elle, comme aux temps héroïques. » Assis autour de la table, ils commencèrent à échanger des souvenirs des années où leurs adversaires étaient faibles et où leurs espoirs étaient grands. De temps à autre, leurs réminiscences étaient interrompues par un des occupants du bunker venu prendre congé. Auparavant, Goebbels avait fait promettre à son aide de camp, le Hauptsturmführer (capitaine) SS Günter Schwägermann, de veiller à ce que leurs corps fussent brûlés.

Aux environs de 8 heures et demie, Goebbels se leva brusquement et alla ouvrir le placard. Il coiffa sa casquette et enfila ses gants, puis, sans un mot aux personnes qu'il croisait, il se dirigea vers l'escalier qui menait aux jardins de la chancellerie. Magda Goebbels l'accompagnait ; elle avait épinglé sur son corsage l'insigne du parti en or que Hitler lui avait remis trois jours auparavant. Une seule fois, arrivé au pied de l'escalier, Goebbels s'arrêta pour dire quelques mots au téléphoniste Rochus Misch qui se trouvait là : il n'avait plus besoin de ses services. Juste avant de commencer à monter, il ajouta en français : « Les jeux sont faits. »

Parvenu en haut, le couple marqua un moment d'arrêt avant de s'avancer dans les jardins dévastés, à la lumière des nombreux incendies qui continuaient de faire rage dans tout le quartier. Lorsque Schwägermann, qui était resté à l'abri de la cage d'escalier, crut entendre un coup de feu, il fit signe aux SS qui attendaient les ordres. Ensemble, ils portèrent plusieurs bidons d'essence jusqu'au dernier palier. Comme Goebbels avait demandé de bien vérifier si sa femme et lui-même étaient vraiment morts avant de brûler leurs dépouilles, Schwägermann appela une sentinelle qui tira deux ou trois coups de pistolet sur les corps étendus non loin de l'entrée du bunker. Quelques ordonnances allèrent ensuite arroser les cadavres d'essence et y mirent le feu. Une énorme flamme s'éleva, enveloppant les corps. De nouveau, le feu s'éteignit au bout de quelques minutes, mais cette fois, tous les participants pensaient uniquement à s'enfuir et à sauver leur peau, de sorte que personne ne se soucia des corps à demi calcinés qui restaient dans les jardins de la chancellerie.

Après avoir réglé quelques affaires de dernière minute — notamment brûler les documents les plus importants — et s'être munis du strict nécessaire ainsi que de quelques provisions, ceux qui restaient gagnèrent la partie supérieure du bunker. Pour éviter que ce complexe souterrain — qui avait abrité des mois durant non seulement le centre du pouvoir du Reich allemand, mais aussi les appartements privés du Führer — ne tombe aux mains de l'ennemi, le général Mohnke ordonna de l'incendier. Schwägermann et quelques sous-officiers SS allèrent une fois de plus chercher des bidons d'essence ; après les avoir vidés dans le cabinet de travail de Hitler ils y mirent le feu, puis se retirèrent précipitamment en fermant la porte blindée de l'escalier. Comme la ventilation avait de surcroît été arrêtée, l'incendie ne put se propager ; seuls quelques meubles et pans de murs furent noircis.

Pendant ce temps, Mohnke avait convoqué les commandants des unités stationnées dans le quartier des ministères. Il les mit au courant des principaux événements qui avaient marqué les jours et les heures écoulés. Il leur parla de la trahison de Himmler et de l'exécution de Fegelein, du mariage de Hitler et d'Eva Braun et de leur double suicide, du suicide de la famille Goebbels, des vaines tentatives de Wenck, Steiner, Holste et Busse pour briser l'encerclement de Berlin, ainsi que des négociations avortées entre Krebs et Tchuikov. Les officiers, qui n'avaient été informés de ces événements que par des rumeurs plus ou moins déformées, étaient consternés. Ensuite, Mohnke les renvoya à leurs unités après les avoir informés que le général Weidling, commandant de la place, avait ordonné de mettre fin aux combats à 23 heures ce même jour. Toutes les unités, ajouta-t-il, devaient tenter de sortir de Berlin et de faire marche vers le nord pour rejoindre, si possible, la zone contrôlée par l'amiral Dönitz, nouveau chef du gouvernement.

Peu avant 11 heures du soir, les hommes et les femmes qui restaient commencèrent à quitter le bunker. Krebs et Burgdorf restèrent sur place. Mohnke avait organisé dix groupes d'une vingtaine de personnes ou davantage. A quelques minutes d'intervalle, ils sortirent par la lucarne de la cave située juste sous le « balcon du Führer » de la chancellerie, puis traversèrent prudemment la Wilhelmsplatz dévastée à la lumière parfois aveuglante des incendies, rampant ou trébuchant sur les nombreux obstacles, avant de s'engouffrer dans la bouche de métro de la station « Kaiserhof » qui était encombrée par des tas gigantesques de déblais. Suivant les rails, ils passèrent sous les lignes soviétiques et finirent par atteindre la station « Friedrichsstrasse ». Ensuite, comme prévu, ils empruntèrent le tunnel passant sous la Spree et continuèrent jusqu'à la gare de Stettin. A la lumière des lampes de poche dont quelques-uns d'entre eux s'étaient munis, ils découvraient des cadavres, des blessés et des réfugiés accroupis contre les parois du tunnel ou allongés sur les traverses ; partout, le sol était jonché d'uniformes, de masques à gaz, de caisses de munitions et de détritus divers. Près de la station de métro « Stadtmitte », un dispensaire avait été installé dans un wagon immobilisé sur une voie de garage ; à la lumière des bougies, une poignée de médecins soignaient de leur mieux les blessés, souvent gravement atteints.

Le premier groupe, dont faisaient partie Günsche, Hewel, Voss et les secrétaires, était conduit par Mohnke en personne. Le deuxième était dirigé par Rattenhuber. Le troisième, dirigé par Naumann, comprenait Baur et Martin Bormann ; ce dernier, qui était arrivé en uniforme d'officier SS, avait télégraphié le matin même à Dönitz pour lui annoncer qu'il le rejoindrait « le plus rapidement possible ». Erich Kempka, le chauffeur de Hitler, avait pris en charge un autre groupe particulièrement important (il comptait une centaine de personnes) qui était surtout composé de soldats, de sous-officiers et de fonctionnaires de la chancellerie.

Le plan prévoyait que les groupes garderaient le contact entre eux, mais cela se révéla irréalisable. Peu après la descente dans le tunnel du métro, les communications furent interrompues, et les groupes eux-mêmes commencèrent à se défaire dans les ténèbres de cet univers souterrain. Quelques-uns tentèrent de gagner l'air libre à l'une des stations, mais les tirs incessants et les pierres tombant sans cesse des édifices en ruines ne tardèrent pas à les décourager, et ils regagnèrent l'abri du métro. Le plan mis au point pendant les discussions prévoyait de franchir les lignes soviétiques par petits groupes, puis de rejoindre au nord de la ville, sans doute à Oranienburg ou aux abords de cette localité, une unité qui continuait théoriquement à se battre. Compte tenu des circonstances, ce projet se révéla totalement irréalisable.

Après avoir erré plus ou moins au hasard, quelques-uns des fugitifs finirent par se regrouper. Bormann fut aperçu vers 2 heures du matin ; exténué et apparemment indécis, il était assis sur les marches d'un immeuble de la Chausseestrasse. Suivant des sentiers tracés dans les champs de ruines, passant par une succession de caves et de cours d'immeubles, certains réussirent à gagner la brasserie Schultheiss de la Schönhauserallee, un des points de rassemblement convenus. D'autres, pris dans les combats qui se poursuivaient toujours dans certains secteurs, et auxquels participaient parfois des blindés, furent tués ou blessés. Högl et Betz, le second pilote de Hitler, tombèrent sur le pont de Weidamm. Walter Hewel se suicida dans les locaux de la brasserie de Wedding, peut-être parce qu'il avait promis à Hitler de ne pas lui survivre.

Le lendemain, un groupe assez important, dont faisaient partie Mohnke et les membres de son état-major, ainsi que Günsche, Baur, Linge, Rattenhuber et Voss, fut fait prisonnier par l'Armée rouge. D'autres encore, notamment Axmann, Schwägermann et les secrétaires du bunker, réussirent à sortir de Berlin et à se frayer un chemin vers l'ouest. Après avoir pris la chancellerie, les forces soviétiques explorèrent le bunker. Elles y découvrirent les corps des généraux Burgdorf et Krebs, affalés sur la table des cartes devant plusieurs bouteilles à moitié vides. Martin Bormann était porté disparu. Peu après la fin de la guerre, certains renseignements semblaient indiquer qu'il s'était suicidé avec le médecin SS Stumpfegger à proximité de la gare de Lehrter. Des squelettes retrouvés au début des années 70 confirmèrent cette supposition. Par la suite, les ossements furent réduits en cendres et dispersés au-dessus de la Baltique.

Malgré l'ordre donné par Weidling de « cesser toute résistance », des combats sporadiques se poursuivirent en divers points de la ville toute la journée du 2 mai et une partie du lendemain. Les incendies, eux, finirent par s'éteindre, étouffés par l'épaisse fumée noire qui montait des ruines. Compte tenu des problèmes de communication, certains officiers n'avaient pas été informés de la capitulation. Obéissant aux dernières instructions reçues — tenir leurs positions à tout prix —, ils faisaient valoir que des appels par haut-parleurs ou de vagues rumeurs n'avaient aucune valeur. En tant que soldats, il leur fallait des ordres en bonne et due forme.

Des groupes isolés de jusqu'au-boutistes, qui comptaient tout de même quelques milliers d'hommes au total, considéraient toute forme de négociation avec l'ennemi comme une « trahison ». Ces fanatiques étaient résolus à se battre jusqu'à la mort. Le 2 mai, une de ces unités de desperados fit sauter le tunnel passant sous le canal de Landwehr où de nombreux blessés et civils désemparés avaient cherché refuge. Une catastrophe majeure fut évitée de justesse, car l'eau s'écoulait rapidement. Même la nature, disaient les gens, était lasse de tuer.

Ailleurs, un groupe de soldats descendit des pièces d'artillerie légère dans les tunnels et tira ses dernières munitions contre les forces soviétiques qui arrivaient. Ailleurs encore, des officiers et soldats SS se firent remettre toutes les réserves de boissons alcoolisées de la cantine où ils était retranchés et, selon un rapport, se jetèrent, ivres morts, « sous les chenilles des chars ». Un matin, peu avant la prise du quartier des ministères par les forces soviétiques, on découvrit un spectacle inquiétant : sur tous les édifices en ruines entourant la chancellerie flottaient des drapeaux frappés de la croix gammée. L'on pensa tout d'abord qu'il s'agissait d'un groupe de résistance clandestin, probablement communiste, qui voulait ainsi signaler des objectifs prioritaires aux forces soviétiques. Il fut bientôt établi que l'officier responsable du secteur, le colonel Erich Bärenfänger, âgé de vingt-sept ans, avait découvert un dépôt de drapeaux et de pavillons, et avait décidé de les hisser pour défier l'adversaire et lui signaler qu'ils se battraient jusqu'à la mort. Comme l'expliqua le jeune officier, qui avait reçu une décoration des mains de Hitler quelques semaines auparavant : « En des temps meilleurs, nous avons combattu sous ce drapeau... » Pourquoi faudrait-il avoir « honte de le montrer maintenant que ça va mal pour nous ? ». Quelques jours plus tard, pour échapper à la captivité, Bärenfänger se suicida avec sa femme.

Une minorité de SS venant de diverses unités dispersées et affaiblies se regroupa pour tenter de franchir les lignes soviétiques. Parmi les combattants les plus opiniâtres, il faut mentionner les survivants de la division SS française « Charlemagne » qui livrèrent en particulier une défense acharnée aux abords du ministère de l'Air. Plusieurs unités SS néerlandaises et scandinaves, ainsi qu'une formation lettone qui ne comptait plus qu'une centaine d'hommes se battirent jusqu'à l'autodestruction : n'ayant jamais fait de prisonniers, les soldats étaient certains que l'adversaire ne les épargnerait pas.

La grande majorité des Berlinois évitait soigneusement les zones où les combats se poursuivaient. La nuit, la ville ravagée s'emplissait de bruits inquiétants : grondement des canons accompagné d'éclairs illuminant le ciel entier, rugissement soudain de moteurs, coups de feu isolés, cris de femmes... Des centaines de cadavres de soldats et de civils jonchaient les champs de ruines, mais personne ne s'en occupait.

Tous ceux qui n'étaient pas directement impliqués dans les combats considéraient que la guerre était finie. De nombreux soldats de la Wehrmacht brisaient leurs fusils sur les murs ou contre les bordures de trottoir, lançaient à l'aveuglette leurs dernières grenades vers les ruines, arrachaient les câbles de démarrage des véhicules abandonnés. Des façades ébranlées par les tirs s'effondraient soudain, comme si une main invisible les avait touchées. Peu à peu, les quartiers pris par l'Armée rouge commençaient à s'animer. Dans les rues, l'on voyait apparaître des hommes et des femmes marqués par les privations, traînant dans des valises ou des sacs à dos quelques objets sauvés du désastre. Les insignes du parti, portraits du Führer, croix gammées et drapeaux nazis avaient disparu comme par magie. L'annonce du suicide de Hitler fut accueillie avec scepticisme ; la version officielle selon laquelle il serait tombé « en luttant contre les bolcheviques jusqu'à son dernier souffle » paraissait plus conforme à l'image idéalisée que beaucoup continuaient à se faire du « Führer ».

Dans les quartiers de Berlin occupés par les forces soviétiques et éloignés des zones de combat, la vie reprenait lentement son cours, sans règles précises, du moins au début. Des détachements de soldats vêtus de casaques marron patrouillaient les rues entourées de brasiers à moitié éteints ; la fumée âcre qu'ils dégageaient continua à obscurcir le ciel des jours durant. L'Armée rouge avait installé des bivouacs aux carrefours et sur les places. Il y avait aussi de nombreuses femmes soldats qui se faisaient photographier en prenant des attitudes triomphales devant des chars allemands renversés ou calcinés. En d'autres points de la ville, les prisonniers formant de longues files attendaient d'être enregistrés et interrogés, tandis qu'au loin le canon continuait à gronder. Pendant leur avance, certaines formations soviétiques avaient réquisitionné des troupeaux de vaches entiers ; parquées dans des cours, les bêtes étaient abattues les unes après les autres, puis rôties sur de grands feux allumés sur la chaussée au milieu d'un cercle de soldats qui chantaient et dansaient. Partout l'on voyait de petites charrettes tirées par des robustes chevaux des steppes à poil long, voire par des attelages de chiens. Souvent, ces véhicules primitifs arboraient des trophées hétéroclites : casseroles, vêtements, arrosoirs, accordéons ou poupées. Des messagers à moto filaient à toute vitesse dans les rues ; des panneaux indicateurs en caractères cyrilliques avaient été placés aux principaux carrefours.

Dans tous les quartiers de la ville, de jour comme de nuit, les prisonniers de guerre gagnaient les points de rassemblement désignés en un flot ininterrompu. Exténués, couverts de crasse, portant souvent un brassard blanc, ils sortaient de leurs cachettes : caves, cratères de bombe ou tunnels du métro. Parmi eux se trouvaient de nombreux hommes âgés de la Levée populaire, des auxiliaires de la DCA de quinze ans, des blessés aux pansements sanguinolents qui avançaient péniblement à l'aide de béquilles improvisées. Sans un mot, ils se mettaient en formation puis, escortés par des soldats soviétiques à la poitrine souvent couverte de décorations, se mettaient en route, gigantesque masse grise et anonyme. A la tombée de la nuit, des véhicules militaires postés aux croisements éclairaient la scène de la lumière aveuglante de leurs phares. A l'ombre des ruines, de petits groupes de femmes, pour la plupart âgées, regardaient avec angoisse les interminables colonnes de prisonniers passer lentement puis disparaître au loin, vers l'est.

A Moscou, l'annonce de la capitulation fut célébrée par de grandes réjouissances populaires. Des milliers, des millions d'hommes et de femmes se répandirent dans les rues, poussant des cris de victoire, jetant bonnets et casquettes en l'air, s'étreignant joyeusement... La Grande Guerre patriotique était terminée, au prix d'immenses sacrifices. A elle seule, la bataille de Berlin avait coûté trois cent mille vies à l'Armée rouge. Du côté allemand, seuls quelque quarante mille soldats étaient tombés. Il n'existe pas de chiffres dignes de foi concernant les victimes civiles. Près d'un demi-million de soldats furent faits prisonniers.

Peu avant minuit, vingt-quatre salves d'artillerie furent tirées à Moscou, suivies par un gigantesque feu d'artifice. La ville fêtait bruyamment la « prise de Berlin, événement historique ». Le vacarme continua plusieurs jours durant. On pouvait l'entendre des cellules de la Butyrka, la prison où avaient été amenés Weidling, deux officiers de son état-major et quelques anciens occupants du bunker qui faisaient partie d'un premier convoi de prisonniers de marque. Parmi les détenus se trouvait également un simple soldat de la Levée populaire ; pour son malheur, il avait éveillé la suspicion des autorités soviétiques parce qu'il portait presque le même nom que le nouveau président américain : Trumann, avec deux « n » ; marchand de cigares de son état, il était originaire de Potsdam.

Le 2 mai en début d'après-midi, l'Armée rouge avait occupé la chancellerie du Reich sans rencontrer de résistance notable. Contrairement à ce qu'affirment de nombreux récits, repris par certains ouvrages historiques, la chancellerie ne fut pas prise d'assaut. Selon les sources officielles, le premier soldat de l'Armée rouge qui pénétra dans le bunker fut le lieutenant Ivan I. Klimenko auquel cette action d'éclat valut le titre de « héros de l'Union soviétique ». Pourtant, comme ce fut déjà le cas concernant le Reichstag, il existe une autre version des événements qui ne fut pas retenue car elle ne cadrait pas avec l'image souhaitée et gênait les autorités à double titre.

Vers 9 heures du matin, le technicien en chef du bunker, Johannes Hentschel, qui était resté sur place, entendit des voix de femme résonner dans le passage reliant les deux parties du bunker. En sortant de la salle des machines, il eut droit à la surprise de sa vie : une dizaine de femmes soldats soviétiques vinrent l'entourer. Il ne tarda pas à apprendre qu'elles appartenaient à une unité sanitaire de l'Armée rouge. Elles bavardaient avec animation, aussi Hentschel réalisa-t-il qu'il n'avait rien à craindre d'elles. Une des femmes, sans doute celle qui commandait le groupe, parlait couramment l'allemand. Elle lui demanda s'il savait où se trouvait Hitler. Elle s'enquit ensuite de « la femme de Hitler », question qui trahissait la véritable raison de leur présence. En effet, dès qu'il leur eut donné les renseignements demandés, elles lui demandèrent de les conduire à la chambre d'Eva Braun. Arrivées là, elles se précipitèrent aussitôt sur l'armoire et sur la grande commode, et fourrèrent dans les sacs qu'elles avaient amenés tout ce qui leur paraissait utilisable. Selon le témoignage de l'ingénieur qui était resté dans le couloir, elles ressortirent peu après en brandissant « avec des hurlements de joie... une bonne douzaine de soutiens-gorge » et autres sous-vêtements brodés, avant de se retirer joyeusement.

En sortant du bunker, elles croisèrent deux officiers soviétiques arrivés entre-temps, qui ne prirent pas garde à elles. Eux aussi demandèrent à Hentschel où était Hitler, puis écoutèrent avec stupéfaction son récit du mariage du « Führer », du double suicide et de l'incinération des corps. Ensuite, les deux officiers se firent conduire à l'appartement des Goebbels ; après avoir jeté un coup d'œil sur les cadavres des enfants, ils se hâtèrent de refermer la porte. Divers éléments permettent de supposer qu'ils appartenaient probablement à l'armée du général Koniev à laquelle Staline avait ordonné quelques jours auparavant de ralentir son avance car la conquête de Berlin était réservée à Joukov.

Le premier de ces événements témoignait d'une faiblesse humaine déplacée, tandis que le second indiquait un manque de discipline qui n'avait pas sa place dans l'« histoire de la Grande Guerre patriotique ». Ni l'un ni l'autre ne sont mentionnés dans les ouvrages ou les rapports soviétiques consacrés à la bataille de Berlin.

Avec la prise de la chancellerie commença un spectacle déconcertant où la désinformation se mêlait au grotesque. Les fictions se succédaient, aussi absurdes que contradictoires : le corps de Hitler aurait été retrouvé, affirmaient certains, tandis que, selon d'autres, il aurait été encore en vie... Aux abords de la porte du bunker et dans l'ensemble des jardins de la chancellerie, les vainqueurs avaient découvert de nombreux cadavres, ainsi qu'une quinzaine de restes humains en partie brûlés ou mutilés. Un cadavre relativement bien conservé fut préparé, peut-être avec l'assistance d'un maquilleur, pour le présenter comme celui de Hitler. Après avoir disposé le corps au milieu d'un décor de décombres évocateur, le trophée fut triomphalement exhibé le 4 mai. Peu après, il fallut revenir sur cette nouvelle sensationnelle, en déclarant d'abord que c'était un « sosie », avant de reconnaître qu'il s'agissait d'une « falsification ». Un moment, les autorités soviétiques envisagèrent de présenter un autre corps comme étant celui du dictateur, mais un des experts consultés se rendit compte à temps que l'homme en question portait des chaussettes reprisées, ce qui jetait manifestement un doute sur son identité. Quelque temps après, la rumeur parla de la découverte d'une nouvelle dépouille. « Le mort était allongé sur une couverture qui fumait encore, peut-on lire dans le rapport. Le visage était carbonisé, le crâne était percé par une balle, mais les traits atrocement déformés étaient manifestement ceux de Hitler. » Compte tenu des mésaventures antérieures, il fut jugé préférable de ne pas le présenter officiellement comme le corps de Hitler.

Cette recherche de faux Hitler cessa brusquement à la fin du mois de mai, lorsque Staline prit personnellement l'affaire en main. Recevant au Kremlin une délégation américaine dont faisaient notamment partie Averell Harriman, Harry Hopkins et Charles Bohlen, il exposa son opinion selon laquelle Hitler n'était pas mort mais se cachait dans un lieu inconnu avec Bormann et le général Krebs. Par la suite, Staline déclara à diverses occasions que le « Führer » avait réussi à s'enfuir au Japon en sous-marin, ou encore mentionna l'Argentine, puis, quelque temps après, l'Espagne de Franco. Ces interprétations successives, qui reflétaient uniquement l'opinion personnelle du maître du Kremlin, furent chaque fois présentées par des émissaires zélés comme la version définitive des faits, bien qu'il subsistât certains doutes.

La tendance profondément enracinée chez les dirigeants soviétiques à imaginer des conjurations et de sombres machinations trouva un terrain fertile dans les légendes entourant la « mystérieuse disparition » de Hitler. Des « preuves » et rumeurs diverses ne tardèrent pas à se greffer sur ces suppositions. Le dictateur aurait fait jurer aux membres de son entourage de déclarer qu'ils avaient personnellement assisté à son suicide, après lequel son corps et celui d'Eva Braun auraient été brûlés sur un bûcher. Il aurait également ordonné à ses proches de brouiller toutes les pistes afin que nul ne découvre le lieu où il se cachait. A une autre occasion, il fut question d'un petit avion qui aurait décollé de l'axe Ouest-Est et pris la direction de Hambourg avec trois hommes et une femme à bord. Cette version semblait confirmée par une information provenant des services secrets soviétiques selon laquelle, peu avant la prise de la ville hanséatique par les forces britanniques, un mystérieux sous-marin aurait pris la mer pour une destination inconnue. Et la liste n'est pas close.

La presse occidentale ne tarda pas à s'emparer de ce sujet sensationnel et donc lucratif. Jusqu'à la fin des années 1990, elle continua à publier des documents et reportages plus étranges et fantaisistes les uns que les autres. Quelque temps après sa mort présumée, Hitler aurait été vu à Dublin, déguisé en femme. Le *Times* de Londres écrivait pour sa part que Hitler avait voulu faire de sa mort un événement propre à frapper l'imagination des foules : il aurait prévu de gagner la Baltique à bord d'un avion bourré d'explosifs puis de se faire sauter au-dessus de la mer, spectacle aussi sensationnel que mémorable. D'autres journalistes à court d'imagination reprirent les déclarations fantaisistes de Staline tout en les déformant ; par exemple, Hitler aurait passé les dernières années de sa vie sous le pseudonyme transparent de « Adilupus », au « palais présidentiel de Franco », où il serait mort d'une crise cardiaque le 1er novembre 1947...

Ensevelie sous ce tissu de fables, la vérité, ou du moins les quelques faits attestés, fut oubliée. Fin avril 1946, une commission d'enquête de l'Armée rouge s'installa dans les jardins proches de la chancellerie pour tenter de recueillir des preuves indubitables et mettre ainsi fin aux rumeurs grotesques qui avaient fini par lasser les Soviétiques eux-mêmes. Les membres de la commission étaient accompagnés par quelques survivants du bunker, faits prisonniers pendant la prise de la ville. Des caméras furent installées pour filmer une reconstitution minutieuse de l'incinération des corps d'Adolf Hitler et d'Eva Braun. Mais les films, ainsi que les interminables rapports d'interrogatoire de Günsche, Linge, Rattenhuber et de quelques autres disparurent au fond d'on ne sait quelles archives secrètes. Ces documents ne furent jamais exploités.

De même, les restes supposés de Hitler, d'Eva Braun et de quelques autres occupants du bunker devinrent officiellement inutilisables suite à l'oukase de Staline. Fin mai 1945, les restes calcinés furent d'abord entreposés au PC de la section de contre-espionnage de Berlin-Buch. L'unité emporta ensuite les caisses en bois dans lesquelles les restes étaient conservés, d'abord à Finow, puis à Rathenow, et finalement à Magdebourg. En mars 1970, le politburo du PC soviétique décida de récupérer les ossements et autres restes « dans le plus grand secret », et de les « détruire définitivement par le feu ». Dans le rapport final de cette « Opération Archives », il est écrit : « Au cours de la nuit du 4 au 5 avril 1970, les vestiges ont été entièrement brûlés. Les cendres mêlées de débris de charbon ont été réduites en poussière, puis jetées dans le fleuve. »

Reste à savoir ce que contenaient réellement les caisses qui, après bien des détours, avaient finalement abouti à Magdebourg. L'hypothèse la plus probable est que la section de contre-espionnage n'a pas réussi à trouver les restes d'Adolf Hitler ni ceux d'Eva Braun, en dépit de longues recherches. De nombreux éléments viennent à l'appui de cette supposition : en premier lieu le témoignage des sentinelles qui ont affirmé s'être rendues sur le lieu de l'incinération dans la soirée du 30 avril, et avoir ensuite enterré les cendres et les ossements calcinés — mais aussi le fait que, pendant plus de dix heures après la mort de Hitler, un déluge de feu a continué à s'abattre sur la chancellerie et les jardins. Les obus explosifs qui labouraient profondément le sol, les obus incendiaires qui répandaient des nappes de feu, n'ont selon toute probabilité laissé subsister aucun vestige tant soit peu reconnaissable. Les seuls objets découverts dans les décombres et identifiés (encore que sans garantie absolue) par les experts odontologues consultés étaient des fragments de la dentition de Hitler, ainsi qu'un « bridge en matière synthétique provenant de la mâchoire inférieure d'Eva Baun ».

Une preuve supplémentaire de l'hypothèse selon laquelle les corps n'ont pas été retrouvés est que la commission d'enquête soviétique n'a jamais présenté publiquement les restes présumés de Hitler et d'Eva Braun, contrairement à ceux de Joseph et Magda Goebbels. Le mécanicien dentiste Fritz Echtmann qui, retenu par les autorités soviétiques à titre de témoin, resta prisonnier plusieurs années durant, a déclaré par la suite qu'en mai 1945 les enquêteurs soviétiques lui avaient montré une « boîte à cigares » contenant, outre les fragments de la mâchoire de Hitler et le bridge d'Eva Braun, une croix de fer de première classe et l'insigne du parti en or porté par Magda Goebbels peu avant la fin. Ces derniers objets, certainement découverts en fouillant les décombres aux abords de l'entrée du bunker, avaient été un peu hâtivement considérés comme les insignes du « Führer ». Quoi qu'il en soit, cette boîte contenait selon toute probabilité tout ce qui subsistait de Hitler.

8

La fin d'un monde

Par une loi paradoxale de l'Histoire, la disparition quasi totale de Hitler lui a valu une étrange survie. Les légendes entourant Hitler continuent à se perpétuer dans de nombreux esprits, parfois renforcées d'une génération à l'autre.

Ce qui a fait de Hitler un personnage comme il n'en avait effectivement « jamais existé » au cours de l'Histoire, c'est surtout qu'il n'avait pas le moindre projet civilisateur. En dépit de différences évidentes, les grandes puissances expansionnistes, de la Rome antique à l'Empire germanique, de la France napoléonienne à l'Empire britannique, se réclamaient toutes, de façon plus ou moins affirmée, d'une « mission mondiale » se référant tantôt à la liberté, tantôt au progrès. Même le despotisme sanguinaire de Staline se drapait dans les promesses d'un avenir meilleur, d'ailleurs de moins en moins crédibles. L'avidité et la soif de gloire, qui étaient presque toujours le principal moteur du désir d'assujetir des peuples étrangers, se donnaient ainsi une justification qui leur valait souvent une sorte d'absolution historique.

Pendant la prise du pouvoir et tout au long de ses guerres de conquête, Hitler avait par contre renoncé à tout enjolivement idéologique ; il estimait même superflu de masquer sa volonté de domination sous de nobles intentions. Et les Allemands, qui depuis toujours se prévalaient de cette notion de civilisation qu'ils croyaient voir à l'œuvre dans tout événement historique, ont porté au pouvoir le régime national-socialiste sans avoir pour autant le sentiment d'adhérer à une « grande idée ». Selon une formule souvent employée à l'époque, Hitler ne leur « disait rien » — il n'évoquait pour eux aucun concept précis. De même, tous les efforts entrepris pour lui assigner un rôle historique déterminant aboutirent à l'échec. Ce qui avait subjugué la majorité des Allemands, ce qui les maintenait bien trop souvent sous son charme, c'était uniquement la personnalité de Hitler lui-même — encore qu'il parût pour le moins bizarre, voire monstrueux à certains. L'énergie indomptable qui le poussa sa vie durant n'était rien d'autre que le principe, antérieur à toute culture ou civilisation humaine, du droit du plus fort. Cette maxime était l'alpha et l'oméga de ce qu'il présentait comme sa Weltanschauung.

Ce mot d'ordre darwinien de Hitler engendra une succession de conceptions défendues avec opiniâtreté qui visaient toujours la répression et la conquête, l'asservissement et le « nettoyage racial », et se terminaient immanquablement par la « terre brûlée ». Jamais et nulle part, même là où ses soldats avaient d'abord été accueillis en libérateurs, il ne laissa planer le moindre doute sur le fait qu'il était venu en ennemi et qu'il était déterminé à rester l'ennemi. Tant que durait leur domination, presque tous les grands conquérants dont l'Histoire a gardé le souvenir se sont efforcés d'amener les peuples conquis à douter du bien-fondé de leur résistance contre l'envahisseur : cette résistance était-elle réellement fondée sur un droit ou sur des valeurs supérieures, ou n'était-ce qu'une tentative aussi vaine que rétrograde de barrer la voie à l'avenir ? Par contre, les adversaires de Hitler ne pouvaient jamais douter de leur bon droit. Comme il l'avait dit dès le début de sa carrière, son programme n'était rien d'autre que la « formulation d'une déclaration de guerre... contre une conception du monde qui a cours actuellement ».

Que signifait exactement cette formule ? On devait l'apprendre au plus tard au début des années 40, grâce aux « propos de table » et aux « monologues du quartier général du Führer ». Hitler y exprime ses conceptions sous une forme plus brutale que jamais et profite de la moindre occasion pour couvrir de sarcasmes haineux toute forme de sens moral, de religion et de considérations humanitaires. Le monde tel qu'il est, expliquait-il, est gouverné par des lois plus élémentaires. Les mesures prises depuis des siècles pour protéger l'homme contre ses semblables étaient taxées de « niaiseries de puretons ». Ces sottises ne relevaient pas seulement de la lâcheté ou de l'escroquerie, mais du « péché originel » qu'était l'infidélité à la nature. Cette trahison essentielle, affirmait-il, n'était rien moins qu'une révolte « contre le firmament » qui revenait à « se détruire soi-même ». Obéissant à cette « loi d'airain de la logique », il s'était interdit toute compassion et avait réprimé avec la plus extrême dureté l'opposition intérieure ainsi que la résistance des « races étrangères ». Comme il l'expliqua le 14 mai 1942 à son quartier général, « les singes, par exemple, piétinent à mort tout animal venu de l'extérieur et tout marginal car il est étranger à la communauté. Et ce qui vaut pour les singes vaut encore bien plus pour les êtres humains ». Jamais un puissant de ce monde n'avait à ce point tourné le dos à la pensée civilisée.

Entre la mort de Hitler et la capitulation sans conditions, à la fois politique et militaire, plusieurs jours devaient encore s'écouler. Ce n'était pas seulement dû aux combats qui se poursuivaient dans divers secteurs, mais aussi à l'attitude du gouvernement dirigé par Dönitz qui avait décidé de ralentir le cours des événements en s'efforçant de conclure des capitulations partielles, dans le but de permettre à un maximum de soldats et de civils de gagner la partie du pays qui serait occupée par les puissances occidentales.

La capitulation générale ne fut signée que le soir du 7 mai à Reims, au quartier général du commandant en chef des forces alliées en Europe, le général américain Eisenhower. Elle avait été précédée d'une capitulation partielle conclue avec les forces britanniques du maréchal Montgomery. La cessation totale des hostilités devait intervenir le 8 mai à minuit. Comme Staline exigeait que l'acte de capitulation fût signé en présence de représentants de l'URSS, la cérémonie fut répétée au quartier général du haut commandement soviétique à

Berlin-Karlshorst. Durant les pourparlers, la délégation allemande dut se retirer dans une pièce adjacente ; elle ne fut appelée que pour signer les documents. Keitel s'était présenté avec son bâton de maréchal et arborait l'insigne du parti en or. Lorsqu'un des officiers qui l'accompagnaient poussa un profond soupir pendant que la brève formalité s'accomplissait, le maréchal le reprit vertement : « Assez, je vous prie ! »

Dans les rues dévastées de Berlin, la vie reprenait lentement son cours, sous le contrôle de l'administration militaire soviétique. Des équipes de citadins réquisitionnés fouillaient les montagnes de ruines omniprésentes, à la recherche de cadavres qu'ils emmenaient ensuite dans des charrettes jusqu'aux fosses communes creusées en de nombreux points de la capitale. D'autres équipes étaient chargées de détecter les mines, dont certaines avaient été posées juste avant la cessation des combats. D'autres encore déblayaient les énormes tas de décombres qui obstruaient les rues et s'efforçaient de les rendre à peu près praticables, ou réparaient la chaussée qui s'était effondrée par endroits jusqu'au niveau des égouts. Jusqu'à la fin de mois de juin, des cadavres humains et des restes d'animaux en décomposition allaient flotter dans les rivières et les canaux de la ville. Lorsque Harry L. Hopkins, conseiller de deux présidents américains successifs, se rendit à Berlin à cette époque, il fit ce commentaire en voyant l'étendue des destructions : « C'est une nouvelle Carthage ! » Des années durant, la ville demeura la principale attraction du « grand tour » des sites détruits pendant la guerre.

Comme il avait été convenu, les Alliés occidentaux firent leur entrée à Berlin début juillet. Le 16 juillet, un jour avant le début de la conférence de Potsdam, Winston Churchill visita la ville. Avec une fierté rageuse, il contempla les ruines restées imposantes de la chancellerie, puis se fit conduire par une sentinelle soviétique dans les jardins, à l'endroit où le corps de Hitler avait été brûlé. Ensuite, il voulut voir le bunker où Hitler avait passé les derniers mois de sa vie. Guidé par le soldat de l'Armée rouge, il descendit l'escalier jusqu'au premier palier. En apprenant qu'il y en avait encore deux autres, il fit demi-tour en hochant la tête. Il n'était pas fait pour ces sombres dédales souterrains, et ne demanda même pas qu'on lui décrive l'endroit. Revenu à la lumière du jour, il se fit apporter une chaise et s'attarda un moment pour méditer songeusement. Ensuite, sans un mot, il se mit en route pour Potsdam, accompagné par son médecin personnel.

La fin du Reich hitlérien fut marquée par une succession d'événements confus, incroyable mélange de contradictions, d'aveuglement et de drames. L'observateur découvre de nombreux destins effroyables et parfois réellement tragiques. Il serait pourtant déplacé de parler de tragédie, du moins en ce qui concerne les principaux protagonistes de l'acte final. Ils témoignèrent de trop de soumission abjecte, de trop d'aveuglement pour être des héros de tragédie. Il ne serait venu à l'esprit d'aucun des officiers du bunker de prendre au pied de la lettre la déclaration faite par Hitler au cours de la conférence du

22 avril, selon laquelle la guerre était perdue. Bien au contraire, Keitl, Jodl, Krebs et les autres firent tout pour le convaincre de poursuivre cette lutte dénuée de sens. De même, aucun de ces généraux ne songea à hisser le drapeau blanc après le suicide de Hitler. Ils allèrent jusqu'à cacher la mort du « Führer » pour ne pas porter atteinte au moral des troupes et continuer quelques heures de plus ces combats aussi inutiles que meurtriers — bien que cela dût avoir pour conséquence absurde que Joukov et Staline furent informés de la fin du dictateur avant l'amiral Dönitz, son successeur désigné.

Tant de soumission et d'obstination dépassait l'entendement ; c'était un défi à la simple raison et au sens des responsabilités le plus élémentaire. Ce qui détermina toute la succession des événements, et coûta d'innombrables vies humaines, ce fut une volonté inébranlable prisonnière de fantasmes délirants, doublée d'une servilité née d'un long dressage. Il y eut sans doute quelques exceptions, mais la logique des événements ne leur assigna que des rôles secondaires. D'autres se tenaient sous les feux de la rampe et continuaient à réciter obséquieusement le même texte appris par cœur. Dans les vraies tragédies, il n'y a pas de place pour les domestiques. Et pas davantage sur la scène de l'Histoire.

De quelque côté que l'on aborde le legs de Hitler, que l'on analyse son discours ou ses actes, l'on ne peut qu'être frappé par le nihilisme absolu qui caractérisait toute sa conception du monde. Près de trois ans avant sa fin dans le bunker de Berlin, à quelques jours près, il avait conjuré ses compagnons de table du « Führerhauptquartier » de mettre toutes leurs forces au service de la victoire ; c'était une occasion unique qu'il ne fallait pas laisser passer. Avec un geste de dédain, il avait ajouté : « N'oubliez jamais qu'en cas d'échec tout sera à l'eau. » Il était conscient d'avoir coupé tous les ponts avec le reste du monde. Pourtant, il portait à son propre crédit les traumatismes inoubliables qu'il avait provoqués. Quant aux conséquences, elles lui étaient totalement indifférentes.

Les membres de son entourage, et aussi de nombreux Allemands « ordinaires », partageaient apparemment ce point de vue. Eux aussi étaient convaincus que la mort de Hitler mettrait fin à « tout cela ». Le soir du 30 avril, alors qu'il ne restait du dictateur qu'un tas de cendres et d'ossements calcinés, Hermann Karnau, membre du Service de la sécurité, monta une dernière fois à l'entrée du bunker donnant sur les jardins, où le caporal Erich Mansfeld montait la garde. Il lui cria qu'il pouvait quitter son poste et descendre, puis ajouta : « Eh oui, tout est terminé, maintenant. »

En réalité, rien n'était terminé. Peu à peu, les Allemands prirent conscience de ce qui était arrivé depuis l'accession de Hitler au pouvoir, de tous ces événements auxquels sa disparition avait donné un caractère irrévocable. Bien plus que ce qui était immédiatement perceptible : les millions de morts, les montagnes de décombres, les destructions sans nombre d'un bout à l'autre du continent. Ce qui avait disparu à jamais, c'était peut-être un monde entier. Les grands naufrages causent toujours plus de pertes qu'il n'apparaît d'abord.

Bibliographie

Ce livre ne comporte pas de notes. Cela ne signifie en aucune façon que les citations ou faits mentionnés ne sont pas attestés par des sources sûres. Si l'auteur a renoncé à indiquer lesdites sources, c'est dû en premier lieu à une confusion souvent devenue irrémédiable. Trop souvent, il aurait fallu se référer pour un même événement à deux, voire à plusieurs, versions divergentes.

Dans la préface, nous avons déjà noté les contradictions concernant un événement aussi important, et aussi marquant pour ceux qui en ont été les témoins, que le suicide de Hitler. Il n'est même pas établi avec certitude si Hitler se trouvait sur le divan à côté d'Eva Braun, ou bien dans le fauteuil placé à côté, lorsque son valet de chambre Heinz Linge et Martin Bormann, suivis de près par l'aide de camp Otto Günsche, était entrés dans le séjour du « Führer » l'après-midi du 30 avril 1945. Pour compliquer encore davantage les choses, les mêmes personnes ont parfois donné plusieurs descriptions différentes d'un même événement. Par exemple, le lieu où fut donnée la réception organisée pour le cinquante-sixième anniversaire de Hitler, ainsi que le déroulement exact de cette cérémonie demeurent incertains. Il en va de même des événements qui suivirent la dramatique conférence du 22 avril, et de nombreux autres faits. La plupart du temps, les divergences ne concernent que des détails d'une importance relative. Le chroniqueur doit néanmoins en tenir compte, et devrait en fait signaler la moindre contradiction. Pour ne pas encombrer cet exposé d'un appareil de notes excessif, nous nous en sommes toujours tenu à la version confirmée par plusieurs témoins dignes de foi, ou à celle qui paraît le plus vraisemblable. Chaque fois que des doutes subsistent au sujet de faits importants, nous l'avons indiqué dans le corps du texte.

Pour aider le lecteur à s'orienter, nous avons brièvement commenté les principaux ouvrages consultés dont la liste suit :

Un premier essai, publié dès l'été 1946 sous le titre *Les Derniers Jours de Hitler*, est dû à l'historien britannique Hugh R. Trevor-Roper. Il se fonde sur de nombreux témoignages recueillis par l'auteur lui-même au cours de l'été et de l'automne 1945. Beaucoup de témoins en puissance avaient été faits prisonniers par les forces soviétiques. D'autres se cachaient ; Trevor-Roper avait réussi à retrouver quelques-uns d'entre eux. Inévitablement, son exposé contenait des lacunes : à l'époque, il était difficile de comparer les sources, sans oublier que certains témoignages étaient délibérément erronés. Ces défauts relativement mineurs sont largement compensés par l'ampleur de l'analyse, la sûreté de jugement et le style brillant de l'auteur.

Il faut attendre une vingtaine d'années pour que paraissent d'autres ouvrages. La période qu'ils analysent est d'ailleurs plus étendue, puisqu'elle commence plusieurs semaines, voire quelques mois avant celle que couvre le livre de Trevor-Roper. Ils font également appel à des témoignages ou rapports (dus notamment à G. Bolt, K. Koller, E. Kempka, E.-G. Schenck et H. Reitsch) qui n'étaient pas accessibles à Trevor-Roper, et complètent le tableau grâce à des précisions parfois significatives.

Au cours de ces mêmes années 60, trois journalistes intéressés par l'histoire contemporaine se penchèrent sur cette période singulièrement dramatique. Le coup d'envoi fut donné en 1965 par Erich Kuby avec son livre *Les Russes à Berlin, 1945*, dont de larges extraits avaient déjà paru dans le magazine *Spiegel*. L'année suivante, Cornelius Ryan, déjà auteur d'un ouvrage sur le débarquement de Normandie qui avait connu un immense succès, publia *La Dernière Bataille*. Peu de temps après, un autre journaliste américain célèbre, John Toland, fit paraître *Les Cent Derniers Jours*. Enfin, il y eut *La Bataille de Berlin, 1945. Des buttes de Seelow à la chancellerie du Reich*, de Tony Le Tissier. Tous ces essais étaient fondés sur des mémoires accessibles depuis peu, et sur de minutieux interrogatoires de témoins.

L'excellente lisibilité de tous ces ouvrages avait malheureusement pour corollaires un manque de précision historique et une analyse manquant de profondeur. En 1975 parut un livre incomparablement plus riche, fondé notamment sur de nouvelles dépositions de témoins survivants : *Les Hommes du Bunker*, d'Uwe Bahnsen et James P. O'Donnell. Tant par la richesse de sa documentation que par ses qualités descriptives, il surpasse tous les ouvrages mentionnés ci-dessus.

Inévitablement, diverses erreurs s'étaient glissées dans les descriptions de la phase finale du Troisième Reich, erreurs souvent reprises d'un ouvrage à l'autre. Elles étaient dues en majeure partie aux déclarations fréquemment contradictoires des témoins. Le grand mérite du livre d'Anton Joachimsthaler, *La Fin de Hitler. Légendes et documents*, est d'avoir, dans la mesure du possible, rectifié ces inexactitudes. Avec un pédantisme à vrai dire parfois agaçant, il a confronté les divers documents et dépositions, afin de dégager les faits à peu près attestés. Sa documentation ne concerne cependant que la disposition exacte du bunker du Führer, la mort de Hitler et la question jamais éclaircie avec certitude de ce que sont devenus les restes du dictateur et d'Eva Braun.

Il va de soi que le présent essai utilise de nombreux extraits de journaux personnels et de mémoires, notamment en ce qui concerne les événements dont Berlin a été le théâtre. Certains recueils méritent une mention particulière, en particulier *La Bataille de Berlin, 1945, vue par des témoins*, de Peter Gosztony, et *L'Agonie de la capitale du Reich*, de Bengt von zur Mühlen *et al.* Quelques impressions proviennent également de récits faits à l'auteur par des proches et amis qui ont vécu la catastrophe.

Table

Cet ouvrage a été composé par
Nord Compo (Villeneuve-d'Ascq)
et imprimé par **Bussière**
à Saint-Amand-Montrond (Cher)
pour le compte des Éditions Perrin
76, rue Bonaparte
Paris 6e

Achevé d'imprimer en décembre 2004

N° d'édition : 1735. — N° d'impression : 044904/1.
Dépôt légal : décembre 2004.
Imprimé en France